Methoden der Beeinflussung

"Die Kunst der Überzeugung für persönlichen und beruflichen Erfolg"

In einfachen
Worten
zusammengefasst

Inhaltsverzeichnis

Vorwort

Herzlich willkommen zu einem Buch, das die faszinierende Welt der Beeinflussung erkundet. In einer Ära, in der zwischenmenschliche Beziehungen, Berufsfelder und sogar politische Entscheidungen von der Kunst beeinflusst werden, ist es von entscheidender Bedeutung, die Methoden zu verstehen, die uns beeinflussen und diejenigen, die wir selbst anwenden.

Dieses Buch ist kein Aufruf zur Manipulation, sondern vielmehr eine umfassende Reise durch die vielfältigen Aspekte der Beeinflussung. Unser Ziel ist es, ein Bewusstsein zu schaffen, wie Beeinflussung in verschiedenen Lebensbereichen wirkt, sei es in der Überzeugungskraft, im Verkauf, in der Führung oder in alltäglichen Interaktionen. Wir wollen die Schleier lüften und Einblicke in die Mechanismen geben, die unsere Entscheidungen und Handlungen formen.

Beeinflussung ist allgegenwärtig. Es geschieht auf persönlicher Ebene, wenn wir versuchen, unsere Ideen zu teilen, genauso wie auf globaler Ebene, wenn politische Entscheidungen getroffen werden. Indem wir die Prinzipien der Beeinflussung verstehen, können wir bewusster handeln – sei es, um unsere eigenen Überzeugungskräfte zu stärken oder um sich vor ungewollter Beeinflussung zu schützen.

Wir werden in diesem Buch nicht nur verschiedene Methoden erkunden, sondern auch die ethischen und moralischen Überlegungen berücksichtigen, die mit dem Einfluss auf andere einhergehen. Denn während Beeinflussung eine machtvolle Fähigkeit ist, müssen wir uns auch der Verantwortung bewusst sein, die damit einhergeht.

Die Psychologie der Beeinflussung wird in all ihren Facetten betrachtet, von den Grundlagen der Überzeugungskraft bis hin zu sozialen Dynamiken und kulturellen Einflüssen. Wir werden untersuchen, wie Emotionen, Kognitionen und soziale Normen miteinander verwoben sind und wie sie gemeinsam unsere Entscheidungsprozesse prägen.

Dieses Buch ist nicht nur für diejenigen gedacht, die die Kunst der Beeinflussung verstehen wollen, sondern auch für diejenigen, die ihre eigene Überzeugungskraft schärfen und reflektieren möchten. Jeder Leser ist eingeladen, die Konzepte in seinen eigenen Kontext zu übertragen und zu prüfen, wie sie in seinem Leben Anwendung finden können.

Wir hoffen, dass das Buch nicht nur ein informatives Lesevergnügen ist, sondern auch Anregungen für Diskussionen und persönliche Reflexionen bietet. Denn das Streben nach Einfluss sollte stets von einem Fundament ethischer Grundsätze und Respekt für die Autonomie anderer geleitet werden.

Vielen Dank, dass Sie sich auf diese faszinierende Reise durch die Welt der Beeinflussung begeben. Möge dieses Buch dazu beitragen, Ihr Verständnis zu erweitern und Ihnen die Werkzeuge geben, um in einer beeinflussungsreichen Welt souverän zu navigieren.

Überzeugende Kommunikation

Überzeugende Kommunikation ist eine umfassende Fähigkeit, die die Grundlage für erfolgreiche zwischenmenschliche Interaktionen bildet. Es handelt sich dabei um einen dynamischen Prozess, der darauf abzielt, klare Botschaften zu vermitteln und andere Menschen von Ideen, Überzeugungen oder Handlungen zu überzeugen. Diese Form der Kommunikation erstreckt sich über verschiedene Lebensbereiche und spielt eine entscheidende Rolle sowohl im beruflichen als auch im persönlichen Kontext.

Der Erfolg überzeugender Kommunikation basiert auf einer Reihe grundlegender Prinzipien. Klarheit und Präzision sind dabei von zentraler Bedeutung. Eine Botschaft muss verständlich und eindeutig formuliert sein, um Missverständnisse zu vermeiden. Empathie ist ein weiterer Schlüsselaspekt. Die Fähigkeit, sich in die Perspektive anderer Menschen zu versetzen, fördert nicht nur das Verständnis, sondern ermöglicht auch eine tiefere Verbindung zwischen Sender und Empfänger. Authentizität ist unabdingbar, da Menschen tendenziell authentischen Personen mehr vertrauen. Eine überzeugende Botschaft muss daher mit der Persönlichkeit und den Werten des Senders in Einklang stehen, um Glaubwürdigkeit zu gewinnen.

Die Wahl der Kommunikationskanäle spielt ebenfalls eine entscheidende Rolle. Je nach Kontext können mündliche, schriftliche oder nonverbale Mittel unterschiedlich effektiv sein. Eine bewusste Anwendung dieser Kanäle verstärkt die Wirkung der Botschaft. Adressatenorientierung, also das Eingehen auf die Bedürfnisse und Interessen der Zielgruppe, ist ein weiterer grundlegender Aspekt. Eine Botschaft, die auf die spezifischen Anliegen und Erwartungen eingeht, wird als relevanter und überzeugender wahrgenommen.

Die Kunst der Überzeugung erstreckt sich über verschiedene Techniken, die geschickt eingesetzt werden können, um die Wirksamkeit der Kommunikation zu steigern. Rhetorik, die gezielte Nutzung von Sprache, Stilfiguren und Argumentationstechniken, spielt eine zentrale Rolle. Eine geschickt formulierte Rede oder Präsentation kann nicht nur Aufmerksamkeit erregen, sondern auch den Inhalt überzeugend vermitteln. Storytelling ist eine weitere wirkungsvolle Technik. Geschichten haben die Fähigkeit, komplexe Ideen zu veranschaulichen und eine emotionale Verbindung herzustellen. Durch den Einsatz von Geschichten kann der Sender nicht nur informieren, sondern auch eine nachhaltige Wirkung erzielen.

Sozialer Einfluss ist eine psychologische Strategie, die Menschen dazu bringt, sich von anderen beeinflussen zu lassen. Dies kann durch die Erwähnung von prominenten Unterstützern oder durch das Schaffen von positivem Gruppendruck geschehen, um die Überzeugungskraft zu verstärken. Die Wahl der Argumentationsstrategien ist entscheidend. Fakten, Logik und klare Schlussfolgerungen präsentieren eine überzeugende Argumentation. Strukturierte Argumentation erleichtert es dem Empfänger, die Überzeugungskraft der Botschaft zu erkennen. Positive Verstärkung, die Betonung von Belohnungen und positiven Ergebnissen, kann die Akzeptanz von Botschaften fördern. Menschen neigen dazu, sich für Handlungen zu entscheiden, die positive Konsequenzen haben.

Trotz dieser Prinzipien stehen überzeugende Kommunikatoren vor verschiedenen Herausforderungen. Individuelle Widerstände gegenüber Überzeugungsversuchen können auftreten, insbesondere wenn tief verwurzelte Überzeugungen im Spiel sind. Der Umgang mit Widerstand erfordert Empathie und Respekt, um Brücken zwischen verschiedenen Standpunkten zu bauen. In multikulturellen Umgebungen ist es wichtig, kulturelle Unterschiede zu berücksichtigen und ein Verständnis für die verschiedenen Perspektiven zu entwickeln.

Ein Verlust der Glaubwürdigkeit kann die Überzeugungskraft erheblich beeinträchtigen. Transparenz, Ehrlichkeit und die Einhaltung von Versprechen sind entscheidend, um die Glaubwürdigkeit aufrechtzuerhalten. Die Überlastung mit

Informationen kann zu Überforderung führen und die Botschaft abschwächen. Eine klare Struktur und die Priorisierung der wichtigsten Punkte sind daher notwendig, um die Überzeugungskraft zu stärken. Der Mangel an Feedback kann ebenfalls eine Herausforderung darstellen. Offene Kommunikation und die Bereitschaft, auf Rückmeldungen einzugehen, sind entscheidend für eine kontinuierliche Verbesserung der überzeugenden Kommunikation.

Die Anwendungsbereiche der überzeugenden Kommunikation sind breit gefächert und erstrecken sich über verschiedene Lebensbereiche. In beruflichen Kontexten ist überzeugende Kommunikation entscheidend. Sie spielt eine Rolle in Verhandlungen, Präsentationen, Teamführung und bei der Entwicklung beruflicher Beziehungen. In persönlichen Beziehungen ist überzeugende Kommunikation ebenso wichtig. Konfliktlösung, emotionale Unterstützung und das Teilen von Ideen erfordern klare und überzeugende Kommunikation.

Politiker und Redner setzen überzeugende Kommunikation ein, um ihre Botschaften an die Öffentlichkeit zu bringen. Die Fähigkeit, Menschen zu überzeugen, beeinflusst das politische und gesellschaftliche Geschehen. In der Welt des Marketings und der Werbung ist Überzeugungskraft von entscheidender Bedeutung. Marken versuchen, ihre Produkte oder Dienstleistungen überzeugend zu präsentieren, um die Konsumenten zu beeinflussen. Lehrer und Dozenten nutzen überzeugende Kommunikation, um komplexe Konzepte verständlich zu vermitteln und das Interesse der Schüler zu wecken.

Die Zukunft der überzeugenden Kommunikation liegt in der Anpassung an sich entwickelnde Technologien. Virtuelle Kommunikation, künstliche Intelligenz und andere innovative Ansätze bieten neue Möglichkeiten und Herausforderungen. Virtuelle Kommunikationsplattformen ermöglichen es, über räumliche Grenzen hinweg zu kommunizieren, stellen jedoch auch die Notwendigkeit von klaren und präzisen Botschaften heraus.

Künstliche Intelligenz kann personalisierte Kommunikation ermöglichen, erfordert jedoch gleichzeitig eine kritische Reflexion über ethische Aspekte und den Schutz der Privatsphäre.

Zusammenfassend lässt sich sagen, dass überzeugende Kommunikation eine essentielle Fähigkeit ist, die auf klaren Prinzipien, wirksamen Techniken und der Fähigkeit zur Anpassung an Herausforderungen basiert. Sie durchdringt sämtliche Lebensbereiche und beeinflusst nicht nur individuelle Interaktionen, sondern auch gesellschaftliche Entwicklungen. In einer Welt, die von ständigem Wandel geprägt ist, bleibt überzeugende Kommunikation ein Schlüsselaspekt für persönlichen und beruflichen Erfolg.

Empathie zeigen

Empathie, die Fähigkeit, sich in die Gefühle und Perspektiven anderer Menschen einzufühlen, ist ein grundlegendes Element zwischenmenschlicher Beziehungen und spielt eine entscheidende Rolle in der Kommunikation und im sozialen Miteinander. Dieser komplexe emotionale Prozess ermöglicht es, die Gefühle anderer zu verstehen und mitzufühlen, ohne die eigenen Emotionen aufzudrängen. Die Kunst, Empathie zu zeigen, erstreckt sich über verschiedene Lebensbereiche, von persönlichen Beziehungen über den beruflichen Kontext bis hin zu gesellschaftlichen Interaktionen.

Die Grundlagen der Empathie liegen in der Fähigkeit, sich selbst in die Lage anderer zu versetzen. Dies erfordert eine bewusste Wahrnehmung der emotionalen Signale, die durch nonverbale Kommunikation, Tonfall und andere subtile Hinweise ausgedrückt werden. Empathie geht über bloße Sympathie hinaus, da sie nicht nur das Verständnis für die Emotionen anderer beinhaltet, sondern auch die Fähigkeit, sich auf eine tiefere Weise mit ihnen zu verbinden.

In persönlichen Beziehungen spielt Empathie eine Schlüsselrolle in der Schaffung von Verbindung und Vertrauen. Durch das Zeigen von Empathie signalisiert eine Person, dass sie die Gefühle und Bedürfnisse ihres Gegenübers ernst nimmt. Dies schafft eine Grundlage für offene Kommunikation und unterstützt die Entwicklung einer starken emotionalen Bindung.

Im beruflichen Kontext ist Empathie nicht nur ein persönlicher Wert, sondern auch ein entscheidender Faktor für effektive Führung und Teamarbeit. Führungskräfte, die empathisch sind, können die Bedürfnisse ihrer Teammitglieder besser verstehen und darauf reagieren. Dies trägt nicht nur zur Mitarbeiterzufriedenheit bei, sondern fördert auch eine positive Unternehmenskultur.

Empathie ist nicht nur auf individueller Ebene relevant, sondern spielt auch eine wichtige Rolle in gesellschaftlichen Interaktionen. In einem zunehmend vielfältigen und globalisierten Umfeld ist das

Verständnis für unterschiedliche Perspektiven und Lebenserfahrungen entscheidend für ein harmonisches Zusammenleben. Empathie fördert die Toleranz und Akzeptanz von Vielfalt, indem sie Menschen ermöglicht, sich in die Lage anderer zu versetzen und ihre Sichtweise zu schätzen.

Die Entwicklung von Empathie beginnt oft in der Kindheit und wird durch soziale Interaktionen, Erziehung und persönliche Erfahrungen geprägt. Die Fähigkeit zur Empathie kann jedoch auch im Erwachsenenalter weiterentwickelt und verbessert werden. Dazu gehört das bewusste Üben von Perspektivenübernahme und die Bereitschaft, sich emotional auf andere einzulassen.

Herausforderungen bei der Entwicklung und Ausübung von Empathie können in unterschiedlichen Lebensbereichen auftreten. In persönlichen Beziehungen kann es schwierig sein, sich in die Lage des Partners zu versetzen, insbesondere wenn es um komplexe Emotionen oder unterschiedliche Lebenserfahrungen geht. Im beruflichen Kontext kann der Druck und die Hektik des Arbeitsalltags dazu führen, dass Empathie vernachlässigt wird. In gesellschaftlichen Interaktionen können Vorurteile und Stereotypen die Fähigkeit zur Empathie beeinträchtigen.

Die Auseinandersetzung mit diesen Herausforderungen erfordert ein bewusstes Bemühen um Selbstreflexion und die Bereitschaft, die eigene Perspektive zu hinterfragen. Es ist wichtig, sich der eigenen Vorurteile bewusst zu sein und offen für die Vielfalt von Erfahrungen und Gefühlen anderer zu sein.

Ein zentraler Aspekt der Empathie ist die emotionale Intelligenz. Die Fähigkeit, die eigenen Emotionen zu erkennen, zu verstehen und zu regulieren, ist eng mit der Fähigkeit zur Empathie verbunden. Emotionale Intelligenz ermöglicht es, Emotionen nicht nur bei anderen, sondern auch bei sich selbst zu erkennen, was eine authentische und einfühlsame Kommunikation fördert.

Empathie kann auf verschiedene Arten ausgedrückt werden, sei es durch aktives Zuhören, unterstützende Kommunikation oder durch die Bereitschaft, Hilfe anzubieten. Aktives Zuhören ist eine Schlüsselkomponente, die zeigt, dass man nicht nur oberflächlich auf die Worte des anderen hört, sondern auch die darunterliegenden Emotionen erkennt. Durch unterstützende Kommunikation, die positive Verstärkung und Trost beinhaltet, kann eine empathische Verbindung gestärkt werden. Die Bereitschaft, Hilfe anzubieten, wenn jemand in Not ist, ist ein weiterer Ausdruck von Empathie und sozialer Verantwortung.

Empathie ist nicht nur auf persönliche Interaktionen beschränkt, sondern kann auch in digitalen Räumen relevant sein. In der Ära der sozialen Medien und Online-Kommunikation ist es wichtig, Empathie in die virtuelle Welt zu übertragen. Dies erfordert eine bewusste Reflexion über die Auswirkungen von Online-Kommentaren und die Anerkennung, dass auch hinter Bildschirmen echte Menschen mit realen Emotionen stehen.

Die positive Wirkung von Empathie erstreckt sich über die individuelle Ebene hinaus und kann auch auf gesellschaftlicher und globaler Ebene transformative Veränderungen bewirken. In sozialen Bewegungen und humanitären Bemühungen spielt Empathie eine Schlüsselrolle bei der Mobilisierung von Unterstützung und Solidarität. Die Fähigkeit, sich in die Lage von Menschen in Not zu versetzen, kann dazu beitragen, eine breite gesellschaftliche Sensibilisierung für soziale Ungerechtigkeiten und humanitäre Krisen zu schaffen.

Die Grenzen der Empathie liegen jedoch auch in ihrer Subjektivität und begrenzten Reichweite. Es kann schwierig sein, sich in die Lage von Menschen zu versetzen, deren Lebenserfahrungen stark von den eigenen abweichen. Darüber hinaus kann eine übermäßige Belastung durch die Empathie für das Leiden anderer zu emotionaler Erschöpfung führen, ein Phänomen, das als "Empathiemüdigkeit" bekannt ist.

Die Forschung im Bereich der Neurowissenschaften und Psychologie hat auch Einblicke in die neurobiologischen Grundlagen der Empathie geliefert. Das sogenannte "Spiegelneuronensystem" wird als eine der neurobiologischen Grundlagen für Empathie betrachtet. Diese Neuronen feuern nicht nur, wenn eine Person eine bestimmte Handlung ausführt, sondern auch, wenn sie eine ähnliche Handlung bei einer anderen Person beobachtet. Diese neuronale Spiegelung ermöglicht es, die Emotionen und Handlungen anderer auf einer neurobiologischen Ebene nachzuempfinden.

Die Förderung von Empathie erfordert eine holistische Herangehensweise, die Bildung, Erziehung und persönliche Entwicklung umfasst. In Bildungseinrichtungen kann die Integration von Lehrplänen, die soziale und emotionale Kompetenzen fördern, dazu beitragen, die Entwicklung von Empathie bei Kindern und Jugendlichen zu unterstützen. Eltern spielen ebenfalls eine entscheidende Rolle, indem sie Modelle für empathisches Verhalten sind und ihre Kinder dazu ermutigen, sich in die Lage anderer zu versetzen.

Die Unternehmenskultur in Organisationen kann auch einen Einfluss auf die Entwicklung von Empathie haben. Führungskräfte, die empathisch sind, schaffen eine positive Arbeitsumgebung, die auf Vertrauen, Respekt und Zusammenarbeit basiert. Schulungen zur Förderung von Empathie können in Unternehmen implementiert werden, um die emotionale Intelligenz der Mitarbeiter zu stärken und damit die Qualität der zwischenmenschlichen Beziehungen zu verbessern.

In einer Welt, die oft von Individualismus und Selbstbezogenheit geprägt ist, bleibt die Bedeutung von Empathie als Grundpfeiler für menschliche Verbindung und soziales Wohlbefinden unbestritten. Die Fähigkeit, sich in die Gefühle anderer Menschen einzufühlen, schafft nicht nur eine tiefere Verbindung, sondern trägt auch dazu bei, Konflikte zu lösen, Mitgefühl zu fördern und eine unterstützende Gemeinschaft aufzubauen. In der ständig wachsenden Komplexität unserer Welt ist Empathie eine Kraft, die Brücken zwischen verschiedenen Kulturen, Meinungen und Lebenswelten bauen kann.

Kooperation betonen

Die Betonung von Kooperation, also der Zusammenarbeit zwischen Individuen oder Gruppen, ist ein grundlegendes Prinzip, das in verschiedenen Bereichen des menschlichen Lebens Anwendung findet. Kooperation bildet die Grundlage für erfolgreiche Teamarbeit, zwischenmenschliche Beziehungen, gesellschaftliche Entwicklung und internationale Zusammenarbeit. In diesem umfassenden Überblick werden die verschiedenen Aspekte, Herausforderungen und Vorteile der Betonung von Kooperation beleuchtet.

Die Kooperation beruht auf dem Prinzip des gemeinsamen Handelns, bei dem Individuen oder Gruppen ihre Ressourcen, Fähigkeiten und Anstrengungen kombinieren, um gemeinsame Ziele zu erreichen. Diese Zusammenarbeit kann in verschiedenen Kontexten auftreten, sei es im beruflichen Umfeld, in der Familie, in sozialen Gruppen oder auf internationaler Ebene.

Die Grundlagen der Kooperation liegen in der Anerkennung von Gemeinsamkeiten und dem Verständnis für die Vorteile, die aus dem Zusammenwirken entstehen können. Die Fähigkeit zur Kommunikation, Empathie und Kompromissbereitschaft spielt dabei eine zentrale Rolle. Kooperation erfordert auch eine klare Struktur und Organisation, um effizientes Arbeiten zu gewährleisten.

Obwohl die Kooperation viele Vorteile bietet, stehen ihr auch verschiedene Herausforderungen gegenüber. Eines der zentralen Probleme ist der individuelle Egoismus, bei dem Einzelpersonen ihre eigenen Interessen über die gemeinsamen Ziele stellen. Die Bewältigung von Egoismus erfordert ein Bewusstsein für die gemeinsamen Ziele und die Bereitschaft, persönliche Opfer für das Wohl der Gruppe zu bringen.

Kommunikationsbarrieren können ebenfalls die Kooperation beeinträchtigen. Missverständnisse, unklare Botschaften und fehlende Transparenz können das Vertrauen innerhalb der Gruppe untergraben. Die Lösung dieser Herausforderung erfordert klare

Kommunikationskanäle, Offenheit und die Bereitschaft, aktiv zuzuhören.

Konflikte innerhalb der Gruppe sind unvermeidlich, können aber auch als Chance für Wachstum und Verbesserung betrachtet werden. Die erfolgreiche Bewältigung von Konflikten erfordert Konfliktlösungsstrategien, Kompromissbereitschaft und die Fähigkeit, verschiedene Perspektiven zu schätzen.

Die Betonung von Kooperation bringt eine Vielzahl von Vorteilen mit sich. Einer der offensichtlichsten ist die Effizienzsteigerung. Durch die Zusammenarbeit können Aufgaben schneller und effektiver erledigt werden, da die Ressourcen gebündelt werden.

Die Diversität der Fähigkeiten und Perspektiven innerhalb einer kooperierenden Gruppe ermöglicht eine kreative Problemlösung. Verschiedene Denkweisen und Kompetenzen tragen dazu bei, umfassendere Lösungen zu entwickeln und Innovationen zu fördern.

Kooperation stärkt auch das Gefühl der Zugehörigkeit und des sozialen Zusammenhalts. Menschen, die gemeinsam an Zielen arbeiten, entwickeln oft eine tiefere Verbindung zueinander. Dies fördert nicht nur das Wohlbefinden, sondern schafft auch eine unterstützende Gemeinschaft.

Auf organisatorischer Ebene kann die Kooperation zu einer verbesserten Arbeitsplatzkultur führen. Ein kooperatives Umfeld, das auf Vertrauen, Respekt und Zusammenarbeit basiert, steigert die Mitarbeiterzufriedenheit und fördert die Mitarbeiterbindung.

Im beruflichen Kontext spielt die Kooperation eine entscheidende Rolle in der Teamarbeit. Effektive Teams zeichnen sich durch klare Kommunikation, klare Rollenverteilung und die Bereitschaft zur Zusammenarbeit aus. Die Förderung einer kooperativen Kultur im Arbeitsumfeld kann die Produktivität steigern und das Arbeitsklima verbessern.

Führungskräfte haben eine besondere Verantwortung, die Kooperation zu fördern. Durch die Schaffung eines inspirierenden und unterstützenden Umfelds können Führungskräfte die Motivation der Mitarbeiter steigern und die Zusammenarbeit stärken. Team-Building-Aktivitäten und Schulungen zur Förderung von Soft Skills sind ebenfalls wirksame Mittel, um die Kooperation im beruflichen Kontext zu betonen.

Die Kooperation erstreckt sich auch über Unternehmensgrenzen hinweg, insbesondere in Zeiten globalisierter Märkte. Unternehmen kooperieren mit Lieferanten, Kunden und Partnern, um gemeinsame Geschäftsziele zu erreichen. Die Fähigkeit zur internationalen Zusammenarbeit wird in einer vernetzten Welt immer wichtiger.

In persönlichen Beziehungen bildet die Kooperation die Grundlage für ein gesundes Miteinander. Partner, Freunde und Familienmitglieder, die in der Lage sind, gemeinsame Ziele zu setzen und zusammenzuarbeiten, entwickeln oft stabilere und erfüllendere Beziehungen.

Die Bewältigung von Konflikten ist in persönlichen Beziehungen besonders wichtig. Kooperative Konfliktlösungsstrategien, die auf Kommunikation, Kompromissbereitschaft und Verständnis basieren, tragen dazu bei, Beziehungen zu stärken und langfristige Harmonie zu fördern.

Elternschaft ist ein weiterer Bereich, in dem die Kooperation von entscheidender Bedeutung ist. Eltern, die als Team zusammenarbeiten und Verantwortung teilen, schaffen eine unterstützende Umgebung für ihre Kinder. Die Betonung von Kooperation in der Erziehung trägt zur Entwicklung von Empathie und sozialen Fähigkeiten bei.

In einer globalisierten Welt, die von kultureller Vielfalt geprägt ist, stehen Kooperationen oft vor Herausforderungen im Umgang mit kulturellen Unterschieden. Kulturelle Missverständnisse können zu

Konflikten führen und die Effektivität von Zusammenarbeit beeinträchtigen.

Die Überwindung kultureller Unterschiede erfordert interkulturelle Sensibilität und die Bereitschaft, verschiedene Perspektiven zu akzeptieren. Die Förderung von kultureller Kompetenz und die Integration von Vielfalt in die Arbeitskultur sind entscheidend für eine erfolgreiche Kooperation zwischen Kulturen.

Auf gesellschaftlicher Ebene ist Kooperation entscheidend für die Bewältigung globaler Herausforderungen. Um Umweltprobleme, Armut oder soziale Ungerechtigkeiten zu lösen, müssen Länder, Organisationen und Individuen zusammenarbeiten. Internationale Zusammenarbeit kann durch politische, wirtschaftliche und kulturelle Unterschiede erschwert werden, aber auch dazu beitragen, langfristige Lösungen zu entwickeln.

Der soziale Zusammenhalt in einer Gesellschaft wird ebenfalls durch die Betonung von Kooperation beeinflusst. Gemeinschaftliche Projekte, ehrenamtliche Arbeit und die Unterstützung von sozialen Initiativen fördern eine kooperative Kultur, die das Wohlbefinden der Gesellschaft insgesamt steigert.

In einer zunehmend digitalen Welt stellen Technologien neue Herausforderungen für die Kooperation dar. Virtuelle Teams, Remote-Arbeit und die Nutzung von Online-Plattformen erfordern angepasste Kommunikationsstrategien. Die Schaffung eines digitalen Arbeitsumfelds, das die Kooperation fördert, erfordert den gezielten Einsatz von Technologien und die Entwicklung virtueller Teamkompetenzen.

Die Zukunft der Kooperation wird von verschiedenen Faktoren beeinflusst, darunter technologische Entwicklungen, soziale Veränderungen und wirtschaftliche Trends. Eine zunehmende Vernetzung der Welt kann die Möglichkeiten für internationale Kooperationen erweitern, erfordert jedoch auch die Bewältigung globaler Herausforderungen.

Die Integration von Künstlicher Intelligenz (KI) und Automatisierung in Arbeitsprozesse stellt eine weitere Dimension dar. Mensch-Maschine-Kooperation wird zu einem wichtigen Aspekt der Arbeitswelt, der eine Anpassung von Fähigkeiten und Arbeitsstrukturen erfordert.

Die Betonung von Kooperation ist ein zeitloses Prinzip, das in verschiedenen Kontexten und Lebensbereichen relevant bleibt. Sie fördert nicht nur effektives Arbeiten und positive zwischenmenschliche Beziehungen, sondern trägt auch dazu bei, globale Herausforderungen anzugehen. Die Weiterentwicklung von Kooperationsfähigkeiten erfordert bewusste Anstrengungen auf individueller, organisatorischer und gesellschaftlicher Ebene. In einer Welt, die von ständigem Wandel geprägt ist, bleibt die Kooperation ein Schlüsselaspekt für eine nachhaltige und erfolgreiche Zukunft.

Klare Argumente präsentieren

Die Kunst, klare Argumente zu präsentieren, ist eine entscheidende Fähigkeit, die in verschiedenen Lebensbereichen Anwendung findet. Ob im beruflichen Kontext, in politischen Diskussionen, in wissenschaftlichen Präsentationen oder im Alltag, die Fähigkeit, überzeugende und klare Argumente vorzubringen, spielt eine zentrale Rolle in der zwischenmenschlichen Kommunikation. Diese umfassende Zusammenfassung widmet sich der Bedeutung, den Prinzipien und den Techniken, die mit dem Präsentieren klarer Argumente verbunden sind.

Klare Argumente bilden das Fundament für überzeugende Kommunikation. Sie ermöglichen es, Ideen präzise zu vermitteln, Meinungen zu begründen und andere von einem Standpunkt zu überzeugen. Klar formulierte Argumente erleichtern nicht nur das Verständnis, sondern stärken auch die Glaubwürdigkeit des Sprechenden oder Autors.

Im beruflichen Kontext sind klare Argumente entscheidend für effektive Präsentationen, Verhandlungen und Teamarbeit. Führungskräfte, die in der Lage sind, ihre Standpunkte klar zu kommunizieren, können das Vertrauen ihrer Mitarbeiter gewinnen und effiziente Arbeitsprozesse fördern. Im wissenschaftlichen Bereich sind klare Argumente unerlässlich, um Forschungsergebnisse zu präsentieren und den wissenschaftlichen Diskurs voranzutreiben.

In politischen Debatten tragen klare Argumente dazu bei, komplexe Themen verständlich zu machen und die öffentliche Meinung zu beeinflussen. Im Alltag ermöglichen sie es, sich wirkungsvoll auszudrücken, Meinungsverschiedenheiten zu klären und überzeugende Überlegungen anzubringen.

Die klare Argumentation basiert auf bestimmten Prinzipien, die ihre Wirksamkeit beeinflussen. Klarheit und Präzision stehen dabei an erster Stelle. Jedes Argument sollte klar und deutlich formuliert sein, um Missverständnisse zu vermeiden. Die Wahl der Worte, die

Struktur der Sätze und die Verwendung von Fachbegriffen sollten darauf abzielen, die Botschaft prägnant zu vermitteln.

Logik ist ein weiteres grundlegendes Prinzip. Ein klares Argument sollte eine logische Struktur aufweisen, bei der die Prämisse zu einer Schlussfolgerung führt. Der Verzicht auf logische Fehlschlüsse, wie etwa den Schluss aufgrund unzureichender Beweise oder den Begging-the-Question-Fehlschluss, stärkt die Überzeugungskraft der Argumentation.

Relevanz und Adressatenorientierung sind ebenfalls entscheidende Prinzipien. Ein überzeugendes Argument sollte sich auf die relevanten Aspekte des Themas konzentrieren und die Bedürfnisse sowie das Vorwissen des Publikums berücksichtigen. Indem der Sprecher oder Schreiber die Perspektive der Zuhörer oder Leser einnimmt, kann er sicherstellen, dass die Argumentation für sie relevant und überzeugend ist.

Glaubwürdigkeit ist ein weiterer Schlüsselfaktor. Ein klar präsentiertes Argument gewinnt an Überzeugungskraft, wenn der Sprecher oder Autor als kompetent, vertrauenswürdig und integer wahrgenommen wird. Quellen, Fakten und Belege sollten sorgfältig ausgewählt und transparent präsentiert werden, um die Glaubwürdigkeit zu stärken.

Verschiedene Techniken tragen dazu bei, Argumente klar und überzeugend zu präsentieren. Eine klare Struktur ist unerlässlich. Eine Einführung, die das Thema einführt, eine klare Prämisse, die Hauptargumente und eine Schlussfolgerung, die die zentralen Punkte zusammenfasst, schaffen eine logische und leicht verständliche Struktur.

Die Verwendung von Beispielen und Analogien erleichtert das Verständnis, indem komplexe Ideen durch konkrete Illustrationen veranschaulicht werden. Dies ermöglicht es dem Publikum, sich mit den Argumenten zu identifizieren und sie in einem realen Kontext zu verstehen.

Eine klare Sprache ist von entscheidender Bedeutung. Fachbegriffe sollten nur verwendet werden, wenn das Publikum mit ihnen vertraut ist, und komplizierte Konzepte sollten einfach und verständlich erklärt werden. Die Vermeidung von Jargon und unnötig komplexen Ausdrücken trägt dazu bei, die Botschaft klar zu übermitteln.

Der Einsatz von rhetorischen Techniken, wie etwa der Dreifachwiederholung, der Anapher oder der Antithese, kann die Überzeugungskraft der Argumentation steigern. Rhetorische Fragen können das Publikum zum Nachdenken anregen und eine direkte Beteiligung fördern.

Eine klare Betonung der wichtigsten Punkte ist entscheidend. Durch die Hervorhebung von Schlüsselargumenten, Fakten oder Statistiken wird die Aufmerksamkeit des Publikums gelenkt. Dies kann durch Variationen im Tonfall, durch Betonung oder durch visuelle Hilfsmittel in Präsentationen erreicht werden.

Die Berücksichtigung möglicher Gegenargumente und ihre elegante Widerlegung stärkt die Überzeugungskraft. Dies zeigt nicht nur, dass der Sprecher oder Autor alle Seiten eines Themas berücksichtigt hat, sondern stärkt auch die Glaubwürdigkeit, da er sich kritisch mit potenziellen Einwänden auseinandersetzt.

Trotz der Prinzipien und Techniken können verschiedene Herausforderungen bei der Präsentation klarer Argumente auftreten. Eine unklare oder unpräzise Formulierung kann zu Missverständnissen führen und die Überzeugungskraft beeinträchtigen. Es erfordert Sorgfalt und Aufmerksamkeit, jede Aussage so zu formulieren, dass sie klar und verständlich ist.

Emotionale Widerstände gegenüber bestimmten Themen können ebenfalls eine Herausforderung darstellen. Menschen neigen dazu, Informationen auf eine Weise zu interpretieren, die ihren vorhandenen Überzeugungen entspricht. Die Präsentation klarer Argumente erfordert daher oft die Berücksichtigung von emotionalen Reaktionen und die Fähigkeit, empathisch auf unterschiedliche Standpunkte einzugehen.

Die Berücksichtigung des Publikums ist ebenfalls anspruchsvoll. Verschiedene Menschen haben unterschiedliche Vorwissen, Interessen und Wertvorstellungen. Eine klare Argumentation muss daher flexibel sein und auf die Bedürfnisse des spezifischen Publikums zugeschnitten werden.

In diskussionsorientierten Kontexten können Machtverhältnisse und Hierarchien die Präsentation klarer Argumente beeinflussen. Menschen können zögern, kontroverse Meinungen zu äußern oder gegenüber Autoritäten zu argumentieren. Es erfordert daher eine offene und inklusive Kommunikationskultur, um unterschiedliche Standpunkte zu fördern.

Die Bedeutung klarer Argumente wird in einer zunehmend vernetzten und informationsreichen Welt weiter zunehmen. In Zeiten von Desinformation und Informationsüberflutung wird die Fähigkeit, klare und überzeugende Argumente zu präsentieren, zu einer kritischen Kompetenz für individuelle und gesellschaftliche Entscheidungsprozesse.

Die Integration von Technologien, wie etwa Künstliche Intelligenz und automatisierte Textgenerierung, könnte die Art und Weise, wie Argumente präsentiert werden, beeinflussen. Es wird entscheidend sein, sicherzustellen, dass diese Technologien die Klarheit und Überzeugungskraft von Argumenten verbessern, anstatt sie zu verschleiern.

Die Förderung von Kommunikations- und Argumentationskompetenzen in der Bildung wird einen Beitrag dazu leisten, dass zukünftige Generationen in der Lage sind, ihre Ideen klar und effektiv zu präsentieren. Die Integration von Argumentationstechniken in Lehrpläne und die Förderung einer kritischen Medienkompetenz sind dabei von großer Bedeutung.

Die Zukunft der klaren Argumentation wird auch von gesellschaftlichen Veränderungen beeinflusst. Die Förderung einer offenen und inklusiven Diskussionskultur, die verschiedene Perspektiven würdigt, wird dazu beitragen, eine demokratische und zivilisierte Gesellschaft zu erhalten.

In einer Welt, die von ständigem Austausch von Informationen und Ideen geprägt ist, bleibt die Fähigkeit, klare Argumente zu präsentieren, von zentraler Bedeutung. Ob in persönlichen Gesprächen, in beruflichen Präsentationen oder in öffentlichen Debatten, die Kunst der klaren Argumentation trägt dazu bei, Missverständnisse zu minimieren, Überzeugungskraft zu stärken und den Diskurs voranzutreiben. Die Prinzipien und Techniken, die mit dieser Fähigkeit verbunden sind, werden auch in der Zukunft eine Schlüsselrolle spielen, wenn es darum geht, komplexe Ideen verständlich zu vermitteln und die Grundlage für informierte Entscheidungen zu legen.

Glaubwürdigkeit aufbauen

Das Aufbauen von Glaubwürdigkeit ist eine grundlegende und entscheidende Fähigkeit in verschiedenen Lebensbereichen, sei es im beruflichen Kontext, in persönlichen Beziehungen, in der Politik oder in der öffentlichen Wahrnehmung. Glaubwürdigkeit ist das Fundament für Vertrauen, Respekt und erfolgreiche zwischenmenschliche Interaktionen. Diese umfassende Zusammenfassung widmet sich der Bedeutung, den Prinzipien und den Strategien, die mit dem Aufbau von Glaubwürdigkeit verbunden sind.

Glaubwürdigkeit ist von entscheidender Bedeutung für den Erfolg und die Wirksamkeit eines Individuums oder einer Organisation. Sie bezieht sich darauf, wie glaubhaft, vertrauenswürdig und authentisch eine Person oder Institution von anderen wahrgenommen wird. Die Glaubwürdigkeit bildet das Vertrauenskapital, das in zwischenmenschlichen Beziehungen, in der Unternehmensführung, in der politischen Führung und in der Kommunikation eine Schlüsselrolle spielt.

Im beruflichen Kontext ist die Glaubwürdigkeit einer Person entscheidend für ihre Reputation und ihre beruflichen Chancen. Führungskräfte, die als glaubwürdig wahrgenommen werden, können leichter Vertrauen aufbauen und Mitarbeiter motivieren. In persönlichen Beziehungen ist Glaubwürdigkeit grundlegend für stabile und gesunde Bindungen. In der Öffentlichkeit spielt sie eine entscheidende Rolle bei der Akzeptanz von politischen Führern und Institutionen.

Der Aufbau von Glaubwürdigkeit basiert auf bestimmten Prinzipien, die das Verhalten und die Kommunikation prägen. Ehrlichkeit steht an erster Stelle. Eine glaubwürdige Person sagt die Wahrheit, vermeidet Täuschungen und ist transparent in ihren Handlungen. Die Konsistenz zwischen Worten und Taten ist ein weiteres grundlegendes Prinzip. Eine glaubwürdige Person handelt in Übereinstimmung mit ihren Aussagen und demonstriert eine kohärente und integre Verhaltensweise.

Verlässlichkeit ist ein weiteres Schlüsselprinzip. Glaubwürdigkeit wird gestärkt, wenn eine Person ihre Verpflichtungen einhält, zuverlässig ist und ihre Versprechen hält. Offenheit und Transparenz sind ebenfalls entscheidend. Eine glaubwürdige Person ist bereit, Informationen zu teilen, auch wenn sie unangenehm sein können, und steht zu Fehlern, anstatt sie zu vertuschen.

Respekt gegenüber anderen und deren Meinungen ist ein weiteres grundlegendes Prinzip. Eine glaubwürdige Person hört aktiv zu, nimmt verschiedene Perspektiven wahr und behandelt andere mit Würde und Achtung. Diese respektvolle Haltung stärkt die zwischenmenschlichen Beziehungen und fördert Vertrauen.

Authentizität ist ein zentrales Prinzip des Glaubwürdigkeitsaufbaus. Eine authentische Person zeigt ihre wahre Persönlichkeit, geht offen mit ihren Stärken und Schwächen um und versucht nicht, eine Fassade aufrechtzuerhalten. Authentizität schafft eine tiefere Verbindung zu anderen, da sie das Gefühl vermittelt, dass die Person echt und aufrichtig ist.

Der Glaubwürdigkeitsaufbau erfordert bewusste Anstrengungen und Strategien. Eine klare und effektive Kommunikation ist von zentraler Bedeutung. Eine glaubwürdige Person formuliert ihre Gedanken klar und prägnant, verwendet eine positive und unterstützende Sprache und vermeidet unnötige Jargon oder komplexe Ausdrücke. Eine klare Kommunikation fördert das Verständnis und trägt zur Glaubwürdigkeit bei.

Die Pflege von Beziehungen und zwischenmenschlichen Verbindungen ist ein weiterer Schlüsselaspekt. Eine glaubwürdige Person investiert Zeit und Aufmerksamkeit in ihre Beziehungen, zeigt Empathie und ist bereit, sich in die Lage anderer zu versetzen. Dies fördert ein unterstützendes Netzwerk, das die Glaubwürdigkeit stärkt.

Das Einhalten von Verpflichtungen und Versprechen ist entscheidend. Zuverlässigkeit und Pünktlichkeit sind Merkmale einer glaubwürdigen Person. Das Halten von Zusagen stärkt das Vertrauen, während das Brechen von Versprechen die Glaubwürdigkeit ernsthaft beeinträchtigen kann.

Eine offene und transparente Kommunikation über Fehler und Schwächen trägt dazu bei, Authentizität zu demonstrieren. Das Eingestehen von Fehlern und das Bemühen um Verbesserung zeigt, dass eine Person bereit ist, Verantwortung zu übernehmen und aus Erfahrungen zu lernen.

Die kontinuierliche persönliche und berufliche Weiterentwicklung ist eine Strategie, um Glaubwürdigkeit zu stärken. Eine glaubwürdige Person strebt danach, ihre Fähigkeiten und Kenntnisse zu erweitern, bleibt neugierig und offen für neue Ideen. Dies zeigt, dass sie bestrebt ist, stets ihr Bestes zu geben und auf dem neuesten Stand zu bleiben.

Die Schaffung von gemeinsamen Werten und Zielen in einer Gruppe oder Organisation fördert ebenfalls die Glaubwürdigkeit. Eine Person, die sich für gemeinsame Werte und Ziele einsetzt, wird als engagiert und vertrauenswürdig wahrgenommen. Dies schafft eine gemeinsame Grundlage, die die Zusammenarbeit stärkt.

Trotz der besten Bemühungen können verschiedene Herausforderungen den Glaubwürdigkeitsaufbau beeinträchtigen. Ein Mangel an Klarheit in der Kommunikation kann zu Missverständnissen führen. Eine unsaubere oder widersprüchliche Botschaft kann das Vertrauen beeinträchtigen und die Glaubwürdigkeit schwächen.

Menschen sind unterschiedlich, und verschiedene Persönlichkeiten können unterschiedliche Vorstellungen von Glaubwürdigkeit haben. Die Herausforderung besteht darin, sich an verschiedene

Erwartungen und Wertesysteme anzupassen, um die Glaubwürdigkeit in verschiedenen Kontexten aufrechtzuerhalten.

Die Balance zwischen Authentizität und Professionalität kann ebenfalls eine Herausforderung darstellen. Während Authentizität wichtig ist, erfordern bestimmte Situationen oder Umgebungen eine gewisse Professionalität. Die Kunst besteht darin, eine authentische Persönlichkeit beizubehalten, ohne die notwendige Professionalität zu vernachlässigen.

In der heutigen vernetzten Welt können Herausforderungen im Zusammenhang mit digitaler Identität und Online-Präsenz entstehen. Die Glaubwürdigkeit kann durch Fehlinformationen oder negative Bewertungen im Internet beeinträchtigt werden. Der Umgang mit digitalen Medien erfordert daher eine bewusste Pflege der Online-Reputation.

Die Bedeutung des Glaubwürdigkeitsaufbaus wird in einer zunehmend vernetzten und globalisierten Welt weiter zunehmen. In einer Zeit, in der Informationen leicht zugänglich sind und Menschen miteinander verbunden sind, wird die Glaubwürdigkeit zu einem entscheidenden Faktor für individuellen und organisatorischen Erfolg.

Die Rolle von Technologien, wie etwa Künstliche Intelligenz und Blockchain, könnte auch Einfluss auf den Glaubwürdigkeitsaufbau haben. Neue Methoden zur Überprüfung von Informationen und Identitäten könnten dazu beitragen, Vertrauen in digitale Interaktionen zu stärken.

Die Förderung von Glaubwürdigkeit in der Bildung wird eine zentrale Rolle spielen. Die Integration von ethischen Prinzipien, Kommunikationskompetenzen und sozialer Intelligenz in Lehrpläne wird dazu beitragen, dass zukünftige Generationen in der Lage sind, Glaubwürdigkeit erfolgreich aufzubauen und zu wahren.

Die Förderung von Vielfalt und Inklusion wird ebenfalls dazu beitragen, die Glaubwürdigkeit zu stärken. Eine integrative Kultur, die verschiedene Perspektiven schätzt und Respekt vor unterschiedlichen Hintergründen zeigt, wird die Glaubwürdigkeit in verschiedenen Gemeinschaften und Organisationen fördern.

Der Glaubwürdigkeitsaufbau bleibt eine zeitlose und entscheidende Fähigkeit in einer Welt, die von zwischenmenschlichen Beziehungen, Vertrauen und Information geprägt ist. Die Prinzipien und Strategien, die mit dem Glaubwürdigkeitsaufbau verbunden sind, bleiben relevant und können als Leitfaden für Individuen, Organisationen und Gemeinschaften dienen. In einer Ära der Digitalisierung und globalen Vernetzung wird der bewusste Umgang mit Glaubwürdigkeit zu einem unverzichtbaren Bestandteil einer erfolgreichen und nachhaltigen Zukunft.

Sozialen Einfluss nutzen

Die Nutzung sozialen Einflusses ist eine fundamentale Fähigkeit, die in verschiedenen Bereichen des Lebens Anwendung findet, sei es in zwischenmenschlichen Beziehungen, im Marketing, in der Politik oder in Gruppendynamiken. Diese umfassende Zusammenfassung widmet sich der Bedeutung, den Mechanismen und den Auswirkungen der Nutzung sozialen Einflusses.

Sozialer Einfluss bezieht sich auf die Veränderung von Einstellungen, Meinungen oder Verhaltensweisen einer Person durch die Anwesenheit oder die Vorstellung anderer. Die Fähigkeit, sozialen Einfluss zu nutzen, ist von entscheidender Bedeutung, um Veränderungen herbeizuführen, Entscheidungen zu beeinflussen und erfolgreich in sozialen Kontexten zu interagieren.

Im zwischenmenschlichen Bereich ermöglicht die geschickte Nutzung sozialen Einflusses eine Person, andere zu überzeugen, Sympathien zu gewinnen oder Kooperationen zu fördern. Im Marketing wird sozialer Einfluss genutzt, um Produkte zu bewerben, Markenloyalität aufzubauen und Kaufentscheidungen zu beeinflussen. In der Politik spielt sozialer Einfluss eine entscheidende Rolle bei der Formung der öffentlichen Meinung, der Mobilisierung von Wählern und der Umsetzung politischer Agenda.

Verschiedene Mechanismen ermöglichen die Nutzung sozialen Einflusses, die oft auf psychologischen Prinzipien beruhen. Ein wichtiger Mechanismus ist die soziale Norm, die implizite oder explizite Erwartungen darüber definiert, wie sich Mitglieder einer Gruppe verhalten sollten. Die Anpassung an soziale Normen ermöglicht es, Akzeptanz und Zugehörigkeit zu erfahren.

Ein weiterer Mechanismus ist die soziale Identifikation, bei der Menschen ihr Verhalten an die Gruppenzugehörigkeit anpassen, um ein positives soziales Selbstkonzept aufrechtzuerhalten. Menschen neigen dazu, sich mit Gruppen zu identifizieren, die ihre Werte und Ziele teilen, und passen ihr Verhalten entsprechend an.

Die Autorität ist ein weiterer bedeutender Mechanismus. Menschen neigen dazu, Anweisungen von Autoritäten zu befolgen und sich ihrem Einfluss zu unterwerfen, insbesondere wenn die Autorität als kompetent und legitim wahrgenommen wird. Dieser Mechanismus ist oft in hierarchischen Strukturen, wie etwa in Organisationen oder Institutionen, zu beobachten.

Der soziale Einfluss kann auch durch die Knappheit von Ressourcen oder Informationen verstärkt werden. Menschen neigen dazu, Dinge als wertvoller oder begehrenswerter zu betrachten, wenn sie knapp sind, und sind daher eher bereit, sich beeinflussen zu lassen, um Zugang zu diesen Ressourcen zu erhalten.

Der Konsens in einer Gruppe kann ebenfalls einen starken sozialen Einfluss ausüben. Menschen neigen dazu, das Verhalten anderer als Hinweis darauf zu interpretieren, wie angemessen oder korrekt es ist. Die Konformität mit dem Verhalten der Mehrheit kann auf den Wunsch nach Akzeptanz und sozialer Harmonie zurückzuführen sein.

Es gibt verschiedene Arten des sozialen Einflusses, die unterschiedliche Auswirkungen haben können. Der normative soziale Einfluss bezieht sich auf die Anpassung des Verhaltens aufgrund des Wunsches nach sozialer Akzeptanz oder Vermeidung von Ablehnung. Dieser Einflussmechanismus ist oft in Gruppensituationen zu beobachten, in denen der Druck, sich der Mehrheit anzupassen, hoch ist.

Der informative soziale Einfluss bezieht sich auf die Anpassung des Verhaltens aufgrund des Wunsches nach korrekten Informationen oder dem Glauben, dass andere in der Gruppe besser informiert sind. Dieser Einflussmechanismus ist besonders relevant, wenn die Situation ungewiss oder komplex ist, und Menschen orientieren sich an anderen, um ihre Unsicherheit zu verringern.

Der internalisierte soziale Einfluss tritt auf, wenn Menschen die Werte und Überzeugungen der Gruppe internalisieren und ihr Verhalten entsprechend anpassen. Dieser Einflussmechanismus geht über die bloße Anpassung hinaus und führt zu einer tiefgreifenden Veränderung der individuellen Überzeugungen und Werte.

Im Alltag ist sozialer Einfluss allgegenwärtig und prägt viele Aspekte des menschlichen Verhaltens. In der Familie können Eltern sozialen Einfluss nutzen, um ihre Kinder zu erziehen und bestimmte Verhaltensweisen zu fördern. Freunde können sozialen Einfluss ausüben, um Entscheidungen über Aktivitäten, Interessen oder sogar politische Ansichten zu beeinflussen.

Im Bildungsbereich kann sozialer Einfluss durch Lehrer auf Schüler wirken, sei es durch die Festlegung von Klassenregeln oder die Förderung bestimmter Werte. In der Arbeitswelt kann der Einfluss von Vorgesetzten oder Kollegen die Arbeitskultur und die Dynamik in einem Team prägen.

In der Medienlandschaft ist sozialer Einfluss besonders deutlich. Die Berichterstattung in den Medien kann die öffentliche Meinung formen, politische Entscheidungen beeinflussen und sogar soziale Normen festlegen. Werbung nutzt sozialen Einfluss, um Produkte zu vermarkten, indem sie den Konsumenten das Gefühl gibt, dass der Besitz des beworbenen Produkts zu sozialer Akzeptanz führt.

Die Nutzung sozialen Einflusses ist in der Politik von entscheidender Bedeutung, um Wahlen zu gewinnen, politische Agenda zu setzen und politische Entscheidungen zu beeinflussen. Politische Führer setzen verschiedene Strategien ein, um sozialen Einfluss zu nutzen und die öffentliche Meinung zu formen.

Die Inszenierung von Veranstaltungen, insbesondere in Wahlkampagnen, ist eine Strategie, um sozialen Einfluss zu nutzen. Durch sorgfältig inszenierte Veranstaltungen versuchen politische

Führer, eine positive öffentliche Wahrnehmung zu schaffen und Anhänger zu mobilisieren.

Die Nutzung von sozialen Medien ist eine moderne Strategie des sozialen Einflusses in der Politik. Politiker nutzen Plattformen wie Twitter, Facebook und Instagram, um ihre Botschaften direkt an die Öffentlichkeit zu senden, Meinungen zu formen und Anhänger zu mobilisieren. Der direkte Zugang zu den Wählern ermöglicht eine unmittelbare Beeinflussung der öffentlichen Meinung.

Die Zusammenarbeit mit einflussreichen Persönlichkeiten oder Meinungsführern ist eine weitere Strategie. Durch die Unterstützung von Prominenten oder Influencern versuchen politische Führer, deren Anhängerschaft zu gewinnen und von ihrer Glaubwürdigkeit zu profitieren.

Die Nutzung sozialen Einflusses wirft auch ethische Fragen auf, insbesondere wenn es um Manipulation oder Ausnutzung von menschlichem Verhalten geht. Die gezielte Nutzung psychologischer Mechanismen, um Menschen zu beeinflussen, kann als ethisch problematisch betrachtet werden, insbesondere wenn dies zu ungewollten Konsequenzen führt.

Der normative soziale Einfluss kann in Manipulation umschlagen, wenn der Druck zur Konformität so stark wird, dass individuelle Überzeugungen und Werte unterdrückt werden. Ethische Richtlinien und Standards sind wichtig, um sicherzustellen, dass sozialer Einfluss auf eine Weise genutzt wird, die die Autonomie und Würde der Einzelnen respektiert.

Die Verantwortung bei der Nutzung sozialen Einflusses liegt bei denjenigen, die diesen Einfluss ausüben, sei es in der Werbung, Politik oder anderen Bereichen. Die transparente Kommunikation über Absichten und die Anerkennung der potenziellen Auswirkungen sind entscheidend, um ethisch verantwortungsbewussten sozialen Einfluss auszuüben.

In einer zunehmend vernetzten und digitalen Welt wird die Nutzung sozialen Einflusses weiterhin an Bedeutung gewinnen. Die Entwicklung von Algorithmen und Künstlicher Intelligenz könnte die Fähigkeit zur Analyse und Beeinflussung menschlichen Verhaltens weiter verbessern. Die ethische Verantwortung im Umgang mit diesen Technologien wird dabei eine zentrale Rolle spielen.

Die Förderung von Medienkompetenz und kritischem Denken wird ebenfalls dazu beitragen, dass Menschen resistenter gegenüber unethischem sozialem Einfluss werden. Die Ausbildung in der Analyse von Informationen, Erkennung von Manipulation und Verständnis der psychologischen Mechanismen des sozialen Einflusses wird eine wichtige Komponente der Bildung sein.

Der soziale Einfluss wird auch weiterhin eine bedeutende Rolle in der Politik spielen. Die Digitalisierung ermöglicht eine direktere Interaktion zwischen politischen Führern und Bürgern, was sowohl Chancen als auch Herausforderungen mit sich bringt. Die Frage der Transparenz, Fairness und Ethik wird in der politischen Kommunikation und Mobilisierung von Wählern zentral bleiben.

Die Nutzung sozialen Einflusses ist eine komplexe und weitreichende Fähigkeit, die das menschliche Verhalten in verschiedenen Kontexten prägt. Ob in persönlichen Beziehungen, im Marketing, in der Politik oder in der Bildung, die geschickte Anwendung sozialen Einflusses eröffnet Möglichkeiten, Veränderungen herbeizuführen, Kooperationen zu fördern und positive Entwicklungen in der Gesellschaft zu unterstützen. Gleichzeitig erfordert der verantwortungsbewusste Umgang mit sozialem Einfluss eine klare ethische Orientierung und die Berücksichtigung der Auswirkungen auf die Autonomie und Würde der Menschen. In einer sich ständig wandelnden Welt wird die Fähigkeit, sozialen Einfluss zu verstehen und zu nutzen, zu einem Schlüsselkompetenz für individuellen und kollektiven Erfolg.

Positive Verstärkung anwenden

Positive Verstärkung ist ein fundamentales Konzept in der Verhaltenspsychologie, das darauf abzielt, gewünschtes Verhalten zu fördern und zu stärken, indem positive Konsequenzen unmittelbar darauf folgen. Diese Methode der Verhaltensmodifikation basiert auf den Prinzipien der operanten Konditionierung, einem Konzept, das vom Psychologen B.F. Skinner entwickelt wurde. Positive Verstärkung wird in verschiedenen Lebensbereichen angewendet, darunter Erziehung, Bildung, Arbeitswelt, Sport und soziale Interaktionen. Die Bedeutung dieser Methode liegt in ihrer Fähigkeit, motivationsfördernde Anreize zu schaffen, die individuelles Verhalten beeinflussen und positive soziale Interaktionen stärken können.

Die Grundprinzipien der positiven Verstärkung sind entscheidend für ihre Wirksamkeit. Zu diesen Prinzipien gehören die unmittelbare Konsequenz, Konsistenz, Individualität und die Anpassung der Verstärkung an die Intensität des gewünschten Verhaltens. Die unmittelbare Konsequenz bedeutet, dass die positive Verstärkung direkt auf das gewünschte Verhalten folgt, um eine klare Verbindung zwischen der Handlung und ihrer Verstärkung herzustellen. Die Konsistenz der Verstärkung ist wichtig, um das gewünschte Verhalten beizubehalten, und die Individualität berücksichtigt, dass unterschiedliche Menschen unterschiedliche Formen der Verstärkung bevorzugen. Die Anpassung an die Intensität des Verhaltens ermöglicht es, die Stärke der Verstärkung an den Fortschritt oder Erfolg anzupassen.

Positive Verstärkung findet in der Erziehung und Familie weitreichende Anwendung. Eltern setzen positive Verstärkung ein, um bei Kindern gewünschtes Verhalten zu fördern. Belohnungen, Lob und positive Aufmerksamkeit dienen dazu, gute Manieren, Kooperation und andere positive Verhaltensweisen zu stärken. Durch die Anwendung der positiven Verstärkung schaffen Eltern eine unterstützende und förderliche Umgebung für die Entwicklung ihrer Kinder.

Auch im Bildungsbereich spielt positive Verstärkung eine entscheidende Rolle. Lehrer setzen sie ein, um Lernziele zu erreichen und ein positives Klassenklima zu fördern. Lob, Belohnungen oder positive Rückmeldungen motivieren Schüler, sich anzustrengen, ihre Hausaufgaben zu machen und aktiv am Unterricht teilzunehmen. Positive Verstärkung trägt dazu bei, eine positive Einstellung zum Lernen zu entwickeln und unterstützt den Bildungsprozess.

In der Arbeitswelt wird positive Verstärkung als Motivationsinstrument eingesetzt. Mitarbeiter können durch Belohnungen, Anerkennung oder Aufstiegsmöglichkeiten motiviert werden. Die Schaffung einer positiven Arbeitsumgebung, in der Leistungen anerkannt und geschätzt werden, trägt zur Mitarbeiterzufriedenheit und Produktivität bei. Positive Verstärkung fördert die Motivation, das Engagement und die Zusammenarbeit in Teams.

Im Bereich des Sports wird positive Verstärkung genutzt, um Athleten zu motivieren und ihre Leistungen zu steigern. Lob für gute Leistungen, Anerkennung in der Mannschaft und gelegentliche Belohnungen tragen dazu bei, ein positives Umfeld zu schaffen und den Ehrgeiz der Sportler zu fördern. Durch die Anwendung der positiven Verstärkung werden sportliche Leistungen gesteigert und Teamgeist gefördert.

Positive Verstärkung spielt auch eine entscheidende Rolle in sozialen Interaktionen. Lob und positive Aufmerksamkeit stärken die soziale Verbindung zwischen Menschen. Freundliche Gesten, nette Worte und gegenseitige Unterstützung sind Formen der positiven Verstärkung, die zwischen Freunden, Familienmitgliedern und Partnern auftreten. Die Anwendung der positiven Verstärkung in sozialen Beziehungen trägt dazu bei, Bindungen zu festigen und ein unterstützendes soziales Umfeld zu schaffen.

Ein grundlegendes Prinzip der positiven Verstärkung ist die verbale Anerkennung. Lob und positive Worte sind mächtige Formen der positiven Verstärkung. Das Anerkennen von Bemühungen, Fortschritten oder Erfolgen durch positive verbale Äußerungen stärkt das Selbstwertgefühl und motiviert dazu, positive Verhaltensweisen beizubehalten. Die gezielte Anwendung von positiven Worten fördert eine positive Selbstwahrnehmung und stärkt das emotionale Wohlbefinden.

Ein weiteres wichtiges Prinzip ist die Anwendung von Belohnungssystemen. Die Einführung von Belohnungssystemen, sei es in der Familie, im Klassenzimmer oder am Arbeitsplatz, ist eine effektive Technik der positiven Verstärkung. Belohnungen können materiell (z. B. Geschenke, Gutscheine), symbolisch (z. B. Auszeichnungen, Zertifikate) oder immateriell (z. B. Lob, Anerkennung) sein. Die gezielte Anwendung von Belohnungssystemen fördert die Motivation und steigert die Bereitschaft zur Zusammenarbeit.

Ein spezifisches Beispiel sind Token-Systeme, bei denen Teilnehmer für gewünschtes Verhalten mit Token oder Punkten belohnt werden. Diese Token können dann gegen bestimmte Privilegien, Aktivitäten oder Belohnungen eingetauscht werden. Die Anwendung von Token-Systemen ist besonders effektiv bei der Förderung spezifischer Verhaltensweisen und bei der Schaffung klarer Anreize für positive Handlungen.

Das Modelllernen ist ein weiteres Prinzip der positiven Verstärkung. Es beinhaltet die Beobachtung und Nachahmung des Verhaltens anderer, das positive Konsequenzen hat. Dieses Prinzip der positiven Verstärkung kann dazu beitragen, gewünschte Verhaltensweisen durch Beobachtung und Identifikation mit Vorbildern zu fördern. Die gezielte Darstellung positiven Verhaltens in sozialen Interaktionen, in den Medien oder in der Gesellschaft kann dazu beitragen, positive Modelle zu schaffen und gewünschte Verhaltensweisen zu stärken.

Die Wirksamkeit der positiven Verstärkung beruht jedoch nicht nur auf den angewandten Techniken, sondern auch auf der Fähigkeit, die Verstärkung individuell anzupassen. Menschen sind unterschiedlich, und was für eine Person als positive Verstärkung wirkt, muss nicht zwangsläufig für eine andere Person gelten. Die Anerkennung individueller Unterschiede und Präferenzen ist entscheidend, um die Wirksamkeit der positiven Verstärkung zu maximieren. Die gezielte Anpassung der Verstärkung an die individuellen Bedürfnisse und Vorlieben fördert die Akzeptanz und Wirksamkeit der positiven Verstärkung.

Insgesamt ermöglicht die positive Verstärkung nicht nur die Förderung gewünschter Verhaltensweisen, sondern trägt auch zur Schaffung positiver und unterstützender Umgebungen bei. Durch die gezielte Anwendung von Lob, Anerkennung und Belohnungen können Eltern, Lehrer, Vorgesetzte und andere Individuen eine positive Atmosphäre fördern, die zur persönlichen Entwicklung, Motivation und zwischenmenschlichen Beziehungen beiträgt. Positive Verstärkung ist somit eine kraftvolle Methode, um positive Veränderungen auf individueller und sozialer Ebene zu bewirken.

Storytelling verwenden

Storytelling ist eine kraftvolle Form der Kommunikation, die durch den Einsatz von Geschichten Botschaften vermittelt, Emotionen weckt und Menschen inspiriert. In dieser umfassenden Zusammenfassung werden die Bedeutung, die Prinzipien, die Anwendungen, die Techniken, Herausforderungen und die Zukunft des Storytellings beleuchtet.

Die Bedeutung von Storytelling erstreckt sich über das einfache Erzählen von Geschichten hinaus. Es ist eine Kunstform, die es ermöglicht, Informationen auf eine fesselnde, einprägsame und bedeutungsvolle Weise zu präsentieren. Geschichten haben seit jeher eine zentrale Rolle in der menschlichen Kommunikation gespielt. Sie sind nicht nur ein universelles Medium, das Kulturen verbindet, sondern dienen auch dazu, Wissen weiterzugeben und Emotionen hervorzurufen.

In der modernen Welt hat Storytelling eine zunehmende Bedeutung erlangt, insbesondere in Bereichen wie Marketing, Unternehmenskommunikation, persönlicher Entwicklung und Bildung. Die Fähigkeit, überzeugende Geschichten zu erzählen, wird als entscheidende Kompetenz betrachtet, um Aufmerksamkeit zu gewinnen, Verbindungen aufzubauen und komplexe Ideen verständlich zu machen.

Die grundlegenden Prinzipien des Storytellings bilden das Herzstück seiner Kraft, da sie dazu beitragen, Geschichten nicht nur zu erzählen, sondern sie auch wirkungsvoll zu gestalten und ihre Wirkung zu maximieren. Diese Prinzipien, nämlich Einprägsamkeit, Authentizität, Relevanz, Spannungsbogen, Klarheit und Emotionale Resonanz, sind entscheidende Bausteine, die zusammen eine kohärente und ansprechende Erzählung formen.

Einprägsamkeit ist ein fundamentales Element, denn gute Geschichten bleiben im Gedächtnis. Durch die Schaffung von unvergesslichen Momenten, prägnanten Details und fesselnden Charakteren wird eine Geschichte nicht nur gehört, sondern auch dauerhaft im Gedächtnis behalten. Die Fähigkeit, eine Geschichte zu gestalten, die im Laufe der Zeit weiterlebt, ist entscheidend für ihre Wirkung und Langzeitwirkung.

Authentizität in der Erzählung spielt eine Schlüsselrolle, da sie Glaubwürdigkeit und Vertrauen schafft. Authentische Geschichten sind ehrlich, unverfälscht und spiegeln die wahre Essenz der Botschaft wider. Wenn das Publikum das Gefühl hat, dass die Geschichte authentisch ist, entsteht eine tiefere Verbindung, da Authentizität eine Brücke zwischen Erzähler und Zuhörer schlägt.

Die Relevanz einer Geschichte stellt sicher, dass sie direkt die Anliegen des Publikums anspricht. Jede Geschichte sollte auf die Bedürfnisse, Interessen und Werte der Zuhörer zugeschnitten sein. Wenn eine Geschichte persönlich relevant ist, fühlen sich die Zuhörer stärker mit ihr verbunden und engagieren sich intensiver in der Handlung.

Ein guter Spannungsbogen ist entscheidend, um die Zuhörer in die Geschichte hineinzuziehen. Durch die geschickte Anordnung von Ereignissen, die Erzeugung von Konflikten und die schrittweise Entwicklung der Handlung wird eine Spannung aufgebaut, die die Aufmerksamkeit aufrechterhält. Der Spannungsbogen ist wie der rote Faden, der die Zuhörer durch die Geschichte führt und sie dazu ermutigt, weiter zuzuhören.

Klarheit in der Erzählung ermöglicht es, komplexe Ideen verständlich zu vermitteln. Eine klare Struktur, präzise Sprache und eine gut definierte Botschaft tragen dazu bei, dass die Zuhörer die Handlung verstehen und die beabsichtigte Botschaft aufnehmen können. Klarheit verhindert Missverständnisse und sorgt dafür, dass die Geschichte ihre volle Wirkung entfalten kann.

Emotionale Resonanz bildet das Herzstück jeder guten Geschichte, da Emotionen eine tiefere Verbindung zum Publikum herstellen. Durch die Auslösung von Emotionen, sei es Mitgefühl, Freude, Trauer oder Begeisterung, wird eine Geschichte nicht nur gehört, sondern auch gefühlt. Emotionen verleihen der Erzählung eine menschliche Dimension und schaffen eine unvergessliche Erfahrung.

Storytelling findet in verschiedenen Bereichen Anwendung, wobei seine Vielseitigkeit und Wirksamkeit herausragen. Im Marketing nutzen Unternehmen Geschichten, um ihre Identität zu präsentieren, Produkte erlebbar zu machen und Kunden zu binden. In der Unternehmenskommunikation dienen Geschichten dazu, die Mission, Werte und Erfolge zu kommunizieren, während persönliches Storytelling im Bereich der Selbstreflexion und Persönlichkeitsentwicklung eingesetzt wird. Lehrer und Trainer setzen Storytelling ein, um komplexe Konzepte zu vermitteln und das Interesse der Lernenden zu wecken. Politiker und Aktivisten mobilisieren durch Storytelling für politische Veränderungen, und Kunstformen wie Literatur, Film und Theater verwenden Storytelling, um Emotionen auszudrücken und menschliche Erfahrungen darzustellen.

Verschiedene Techniken unterstützen die Umsetzung von Storytelling. Dazu gehören die Entwicklung fesselnder Charaktere, die Gestaltung von Konflikten und Auflösungen, die Strukturierung der Erzählung, die Verwendung von Metaphern und Symbolen, Perspektivwechsel sowie das Spielen mit Rhythmus und Tempo. Herausforderungen, wie das Vermeiden von Klischees, das Beherrschen von Komplexität, die Bewahrung von Authentizität, das Verständnis der Zielgruppe und das Halten einer emotionalen Balance, müssen berücksichtigt werden.

Die Zukunft des Storytellings wird von technologischen Entwicklungen beeinflusst. Virtuelle Realität (VR), Augmented Reality (AR) und immersive Technologien eröffnen neue Möglichkeiten für Geschichtenerzähler, während die zunehmende Digitalisierung Herausforderungen in Bezug auf die Aufmerksamkeitsspanne und die Konkurrenz um die Aufmerksamkeit des Publikums mit sich bringt. Trotz dieser Herausforderungen bleibt Storytelling eine zeitlose Kunst, die die

Fähigkeit besitzt, Verbindungen zu schaffen und komplexe Ideen auf eine zugängliche Weise zu vermitteln. Durch die kontinuierliche Anpassung an die sich verändernde Medienlandschaft und die Bedürfnisse des Publikums wird Storytelling weiterhin eine zentrale Rolle in der menschlichen Kommunikation spielen.

Positives Feedback geben

Positives Feedback geben ist eine kunstvolle Form der zwischenmenschlichen Kommunikation, die weitreichende Auswirkungen auf Beziehungen, Leistung und das allgemeine Wohlbefinden hat. In dieser umfassenden Zusammenfassung werden die Bedeutung, die Prinzipien, die Methoden, die Auswirkungen und die Herausforderungen des positiven Feedbacks beleuchtet.

Die Bedeutung des positiven Feedbacks erstreckt sich über den bloßen Akt der Anerkennung hinaus. Es ist ein mächtiges Instrument, um Motivation zu steigern, Vertrauen aufzubauen und ein unterstützendes Umfeld zu schaffen. Positives Feedback geht über die bloße Lobpreisung hinaus und wirkt als Katalysator für persönliches und berufliches Wachstum.

Die grundlegenden Prinzipien, die dem positiven Feedback zugrunde liegen, spielen eine entscheidende Rolle bei seiner Wirksamkeit. Diese Prinzipien sind nicht nur Leitlinien, sondern bilden das Fundament, auf dem konstruktives und förderliches Feedback aufbaut. Im Zentrum dieser Prinzipien stehen Konstruktivität, Spezifität, Klarheit, Ehrlichkeit, Authentizität und zeitnahe Rückmeldung.

Konstruktivität steht an erster Stelle, da positives Feedback darauf abzielt, Verhalten zu stärken und zu verbessern. Es ist nicht nur Lob oder Anerkennung, sondern ein gezieltes Instrument, um positive Handlungen zu verstärken. Konstruktives Feedback sollte dazu dienen, eine positive Veränderung anzuregen, sei es in der Arbeitsweise, der Leistung oder den zwischenmenschlichen Beziehungen. Es geht darum, die Person aufzubauen und nicht nur den Erfolg zu feiern.

Die Spezifität des Feedbacks ist von entscheidender Bedeutung, um eine klare Botschaft zu vermitteln. Es sollte nicht vage oder allgemein gehalten sein, sondern sich auf konkrete Handlungen, Verhaltensweisen oder Qualitäten konzentrieren, die anerkannt werden sollen. Spezifisches Feedback ermöglicht es der empfangenden Person, genau zu verstehen, was sie gut gemacht hat und warum es geschätzt wird. Dies erleichtert nicht nur die Akzeptanz des Feedbacks, sondern fördert auch die Wiederholung des positiven Verhaltens.

Die Klarheit des Feedbacks bezieht sich auf die Deutlichkeit und Verständlichkeit der Botschaft. Ein positives Feedback sollte nicht missverstanden oder mehrdeutig sein. Klare Kommunikation stellt sicher, dass die Intention des Feedbacks klar übermittelt wird und die empfangende Person die beabsichtigte Anerkennung versteht. Klarheit verhindert Missverständnisse und trägt dazu bei, dass das Feedback effektiv ist.

Ehrlichkeit und Authentizität sind Eckpfeiler wirksamen Feedbacks. Es ist wichtig, dass das Feedback echt ist und von Aufrichtigkeit getragen wird. Wenn Lob oder Anerkennung künstlich oder übertrieben wirken, kann dies die Glaubwürdigkeit des Feedbacks beeinträchtigen. Ehrlichkeit bedeutet auch, dass konstruktives Feedback nicht vermieden wird, wenn es notwendig ist. Authentizität schafft eine Verbindung zwischen dem Feedbackgeber und -empfänger, da es zeigt, dass das Feedback aus echtem Interesse und Wertschätzung kommt.

Die zeitnahe Rückmeldung betont die Bedeutung, Feedback in dem Moment zu geben, in dem die Handlung oder Leistung stattfindet. Zeitverzögerungen können die Wirksamkeit des Feedbacks beeinträchtigen, da die Verbindung zwischen der Handlung und der Anerkennung abnimmt. Das sofortige Feedback ermöglicht es der empfangenden Person, die spezifische Situation zu reflektieren und den Zusammenhang zwischen ihrem Verhalten und der Reaktion zu erkennen. Es verstärkt die unmittelbare Verbindung und maximiert den Einfluss des Feedbacks.

Die Methoden, positives Feedback zu geben, sind vielfältig und sollten an den individuellen Kontext angepasst werden. Der klassische Lob ist eine verbreitete Methode, um gute Leistungen zu würdigen. Es sollte jedoch spezifisch sein und sich auf konkrete Handlungen oder Ergebnisse beziehen. Konstruktive Kritik kann ebenfalls in Form von positivem Feedback präsentiert werden, indem Verbesserungsmöglichkeiten auf eine unterstützende und aufmunternde Weise kommuniziert werden. Die Verwendung von positiver Verstärkung, wie Belohnungen oder Anerkennung vor anderen, kann die positive Wirkung verstärken. Auch informelles Feedback im täglichen Austausch trägt dazu bei, eine Kultur der Anerkennung zu etablieren.

Die Auswirkungen von positivem Feedback erstrecken sich über den Moment der Anerkennung hinaus. Auf individueller Ebene stärkt es das Selbstwertgefühl, fördert das Selbstbewusstsein und motiviert zu weiteren Anstrengungen. Im beruflichen Kontext kann positives Feedback die Arbeitsmoral verbessern, die Mitarbeiterbindung stärken und die Gesamtleistung steigern. In zwischenmenschlichen Beziehungen schafft es eine positive Dynamik, fördert Vertrauen und stärkt die Bindung zwischen den Beteiligten.

Trotz der zahlreichen Vorteile, die positives Feedback mit sich bringt, gibt es auch Herausforderungen, die es zu überwinden gilt. Eine falsche Anwendung kann zu Oberflächlichkeit führen, wenn Lob zu allgemein oder automatisiert wird. Es besteht die Gefahr, dass positives Feedback als manipulatives Werkzeug wahrgenommen wird, wenn es nicht authentisch ist. Zudem kann die Unfähigkeit, konstruktives Feedback zu geben, dazu führen, dass Entwicklungsbereiche vernachlässigt werden.

Zusammenfassend ist positives Feedback ein leistungsstarkes Instrument, das weit über oberflächliche Anerkennung hinausgeht. Seine Wirksamkeit liegt in den grundlegenden Prinzipien von Konstruktivität, Spezifität, Ehrlichkeit und zeitlicher Relevanz. Die Methoden reichen von formellen Lobpreisungen bis hin zu informellen Anerkennungen im Alltag. Die Auswirkungen erstrecken sich über das Individuum hinaus und beeinflussen Beziehungen, Motivation und Leistung. Trotz potenzieller Herausforderungen bleibt positives Feedback eine wesentliche Komponente einer gesunden Kommunikationskultur.

Gemeinsame Werte betonen

Gemeinsame Werte betonen ist ein komplexer und entscheidender Aspekt menschlicher Interaktion, sei es in persönlichen Beziehungen, Gruppen oder Gesellschaften. In dieser ausführlichen Zusammenfassung werden die Bedeutung, die Prinzipien, die Methoden, die Auswirkungen und die Herausforderungen des Betonens gemeinsamer Werte beleuchtet.

Die Bedeutung des Betonens gemeinsamer Werte erstreckt sich über verschiedene Ebenen menschlicher Beziehungen und sozialer Strukturen. Werte dienen als Grundlage für gemeinsames Verständnis, Zusammenhalt und Zusammenarbeit. Sie definieren, was einer Gruppe wichtig ist, und formen das Verhalten, die Entscheidungen und die Kultur. Das Hervorheben gemeinsamer Werte ist somit von zentraler Bedeutung für das Schaffen von Einigkeit, Identität und einer gemeinsamen Vision.

Die grundlegenden Prinzipien, die dem Betonen gemeinsamer Werte zugrunde liegen, sind von entscheidender Bedeutung für die Wirksamkeit dieses Prozesses. Diese Prinzipien dienen als Leitlinien, um sicherzustellen, dass das Betonen gemeinsamer Werte nicht nur oberflächlich, sondern tiefgreifend und sinnvoll ist. Klarheit und Kommunikation, Konsens und Kompromissbereitschaft sind zentrale Elemente, die den Erfolg dieses Ansatzes maßgeblich beeinflussen.

Klarheit und Kommunikation bilden das Fundament, auf dem das Betonen gemeinsamer Werte aufbaut. Es ist von entscheidender Bedeutung, dass die Werte klar und eindeutig definiert sind. Dies schafft eine klare Richtlinie für alle Mitglieder der Gruppe und verhindert mögliche Missverständnisse. Die Offenheit in der Kommunikation gewährleistet, dass diese Werte nicht nur formuliert, sondern auch verstanden werden. Jeder in der Gruppe sollte die Möglichkeit haben, Fragen zu stellen, Bedenken zu äußern und eine klare Vorstellung davon zu haben, was die gemeinsamen Werte für die Gruppe bedeuten.

Die klare Definition der Werte hilft auch, eine gemeinsame Grundlage zu schaffen. Indem die Werte genau und verständlich sind, entsteht eine klare Identität für die Gruppe. Dies fördert ein gemeinsames Verständnis und einen Sinn für Zusammengehörigkeit. Wenn jedes Mitglied dieselben Werte verinnerlicht und teilt, entsteht eine starke Basis für Zusammenarbeit und Interaktion.

Konsens und Kompromissbereitschaft sind weitere entscheidende Prinzipien, um sicherzustellen, dass die gemeinsamen Werte von allen Mitgliedern akzeptiert und respektiert werden. Es ist selten möglich, dass jede Einzelperson in einer Gruppe exakt dieselben persönlichen Werte hat. Daher ist es wichtig, einen Konsens zu finden, bei dem alle Mitglieder zustimmen können. Dies erfordert Kompromissbereitschaft, Flexibilität und den Willen, gemeinsame Grundlagen zu schaffen, die für alle akzeptabel sind.

Der Konsensprozess ermöglicht es, unterschiedliche Perspektiven und Überzeugungen zu berücksichtigen und gleichzeitig eine Einigung zu erzielen. Es erfordert offene Diskussionen, die darauf abzielen, Unterschiede zu verstehen und nach gemeinsamen Nenner zu suchen. Die Kompromissbereitschaft bedeutet nicht, dass einzelne Werte geopfert werden müssen, sondern vielmehr, dass eine Ausgewogenheit gefunden wird, die für die gesamte Gruppe akzeptabel ist.

Die Methoden, gemeinsame Werte zu betonen, sind vielfältig und hängen vom Kontext der Interaktion ab. In persönlichen Beziehungen kann dies bedeuten, die eigenen Werte zu teilen, um Gemeinsamkeiten zu entdecken, oder gemeinsame Aktivitäten zu planen, die die geteilten Überzeugungen reflektieren. In Organisationen kann die Betonung gemeinsamer Werte durch klare Unternehmenskultur, Werte-Workshops oder Team-Building-Aktivitäten erfolgen. Auf gesellschaftlicher Ebene kann dies durch Bildung, politische Diskurse und kulturelle Veranstaltungen geschehen.

Die Auswirkungen des Betonens gemeinsamer Werte sind weitreichend und erstrecken sich über individuelle, gruppenbezogene und gesellschaftliche Aspekte. Auf individueller Ebene schafft es ein Gefühl der Zugehörigkeit und Orientierung. Menschen, die ihre Werte teilen, fühlen sich stärker verbunden und haben eine klare Richtlinie für ihre Entscheidungen und Handlungen. Auf Gruppenebene fördert es Teamarbeit, Vertrauen und Zusammenhalt. In Organisationen stärkt es die Unternehmenskultur, fördert die Mitarbeiterbindung und beeinflusst positiv die Leistung. Auf gesellschaftlicher Ebene trägt das Betonen gemeinsamer Werte zur sozialen Kohäsion, zur Entwicklung von Normen und zur Förderung von gemeinsamen Zielen bei.

Trotz der positiven Auswirkungen gibt es auch Herausforderungen beim Betonen gemeinsamer Werte. Unterschiedliche Interpretationen von Werten, kulturelle Diversität und individuelle Unterschiede können zu Spannungen führen. Es erfordert einen kontinuierlichen Dialog und eine Bereitschaft zur Anpassung, um sicherzustellen, dass die Werte lebendig bleiben und nicht zu starren Dogmen werden. Darüber hinaus kann die Betonung gemeinsamer Werte auch dazu führen, dass Menschen ausgeschlossen werden, die nicht vollständig mit den vorherrschenden Werten übereinstimmen.

Insgesamt ist das Betonen gemeinsamer Werte ein unverzichtbarer Bestandteil der menschlichen Interaktion. Die Prinzipien von Klarheit, Kommunikation, Konsens und Kompromissbereitschaft bilden das Grundgerüst für seine Wirksamkeit. Die Methoden sind vielfältig und können auf persönlicher, organisatorischer und gesellschaftlicher Ebene angewendet werden. Die Auswirkungen erstrecken sich über individuelle, gruppenbezogene und gesellschaftliche Aspekte, tragen zur Identitätsbildung bei und fördern die Zusammenarbeit. Trotz der Herausforderungen bleibt das Betonen gemeinsamer Werte ein dynamischer Prozess, der eine kontinuierliche Pflege und Reflexion erfordert.

Konsistenzprinzip nutzen

Das Konsistenzprinzip, als psychologisches Phänomen und Kommunikationswerkzeug, spielt eine entscheidende Rolle in der menschlichen Interaktion und Beeinflussung. In dieser umfassenden Zusammenfassung werden die Bedeutung, die psychologischen Grundlagen, die Anwendungen, die Herausforderungen und die ethischen Überlegungen des Nutzens des Konsistenzprinzips beleuchtet.

Das Konsistenzprinzip bezieht sich auf die Tendenz der Menschen, kohärent und in Übereinstimmung mit ihren früheren Handlungen, Überzeugungen oder Versprechen zu handeln. Diese kognitive Neigung wird durch den Wunsch motiviert, als konsistent wahrgenommen zu werden und den inneren Konflikt zu vermeiden, der durch inkonsistentes Verhalten entstehen kann. Das Prinzip hat weitreichende Auswirkungen auf Entscheidungsprozesse, Überzeugungsarbeit und soziale Dynamiken.

Die psychologischen Grundlagen des Konsistenzprinzips werden durch verschiedene Theorien und Experimente illustriert, die Einblicke in die menschliche Wahrnehmung und Entscheidungsfindung bieten. Drei prominente Theorien, nämlich die Selbstwahrnehmungstheorie von Daryl Bem, das Foot-in-the-Door-Phänomen und der kognitive Dissonanzansatz von Leon Festinger, beleuchten die Mechanismen, die dem Konsistenzprinzip zugrunde liegen.

Die Selbstwahrnehmungstheorie von Daryl Bem postuliert, dass Menschen ihre eigenen Einstellungen und Überzeugungen durch die Beobachtung ihres eigenen Verhaltens ableiten. Statt bereits bestehende Überzeugungen als Ausgangspunkt zu nehmen, beurteilen Menschen ihre Einstellungen oft aufgrund ihres beobachtbaren Verhaltens. Dieser Prozess der Selbstbeobachtung spielt eine Schlüsselrolle im Konsistenzprinzip, da er darauf hinweist, dass Menschen bestrebt sind, kohärent zu handeln, um ihre Selbstwahrnehmung in Einklang zu halten.

Ein anschauliches Beispiel für die Anwendung der Selbstwahrnehmungstheorie im Kontext des Konsistenzprinzips könnte das Engagement in freiwilliger Arbeit sein. Wenn eine Person sich freiwillig für wohltätige Zwecke engagiert, neigt sie dazu, ihre Einstellung zu wohltätigen Handlungen aufgrund ihres eigenen Verhaltens abzuleiten. Dies kann dazu führen, dass sie in der Zukunft eher geneigt ist, weiterhin wohltätige Handlungen zu vollziehen, um ihre selbst wahrgenommene Einstellung als wohltätig zu bestätigen.

Das Foot-in-the-Door-Phänomen ist eine weitere wichtige Demonstration des Konsistenzprinzips. Dieses Phänomen zeigt, dass Menschen eher zu größeren Anfragen zustimmen, nachdem sie zuvor kleineren Anfragen zugestimmt haben. Die zugrunde liegende Idee ist, dass Menschen ihre Selbstwahrnehmung als konsistent aufrechterhalten möchten und daher dazu neigen, ihre Handlungen entsprechend anzupassen, um inkonsistentes Verhalten zu vermeiden.

Ein praktisches Beispiel für das Foot-in-the-Door-Phänomen könnte in Marketing-Strategien gefunden werden. Wenn eine Person einem kleinen Kaufangebot zustimmt, besteht eine höhere Wahrscheinlichkeit, dass sie später größeren Kaufangeboten zustimmt. Dies liegt daran, dass die Person nach dem ersten kleinen Kauf ihre Selbstwahrnehmung als konsistent mit ihrer Handlung beibehalten möchte, was dazu führt, dass sie offen ist, weitere Anfragen zu akzeptieren.

Der kognitive Dissonanzansatz von Leon Festinger ist eine weitere bedeutende Theorie, die die psychologischen Grundlagen des Konsistenzprinzips beleuchtet. Die Theorie besagt, dass Menschen dazu neigen, konsistent zu handeln, um den psychologischen Stress zu vermeiden, der durch inkonsistentes Verhalten entsteht. Wenn eine Person inkonsistentes Verhalten zeigt, indem sie zum Beispiel gegen ihre eigenen Überzeugungen handelt, erlebt sie kognitive Dissonanz, einen Zustand der Unstimmigkeit, der als unangenehm empfunden wird. Um diese Unstimmigkeit zu reduzieren, passt die Person ihre Überzeugungen oder Handlungen an, um wieder in Einklang zu kommen.

Ein alltägliches Beispiel für den kognitiven Dissonanzansatz und das Konsistenzprinzip könnte in politischen Überzeugungen gefunden werden. Angenommen, eine Person identifiziert sich stark mit einer politischen Gruppe, die für Umweltschutz steht. Wenn diese Person jedoch in ihrem Verhalten Umweltpraktiken vernachlässigt, könnte sie kognitive Dissonanz erleben. Um diese Unstimmigkeit zu reduzieren, könnte die Person entweder ihr Verhalten ändern und umweltfreundlicher handeln oder ihre politischen Überzeugungen anpassen, um sie mit ihrem inkonsistenten Verhalten in Einklang zu bringen.

Die Anwendungen des Konsistenzprinzips erstrecken sich über verschiedene Bereiche, darunter Marketing, Verkauf, soziale Beeinflussung und persönliche Entwicklung. Im Marketing und Verkauf wird das Prinzip genutzt, um Kunden durch schrittweise Verpflichtungen zu gewinnen, beginnend mit kleinen Zustimmungen und sich steigernd zu größeren Verpflichtungen. In der sozialen Beeinflussung wird Konsistenz verwendet, um Menschen dazu zu bringen, bestimmte Positionen oder Verhaltensweisen beizubehalten, indem sie zuvor öffentlich zugestimmt haben. In der persönlichen Entwicklung kann das Prinzip genutzt werden, um kohärente Ziele zu setzen und schrittweise Fortschritte zu machen.

Die Herausforderungen bei der Nutzung des Konsistenzprinzips liegen in der Balance zwischen Beeinflussung und ethischen Bedenken. Manipulationstechniken, die auf dem Konsistenzprinzip beruhen, können als unethisch empfunden werden, insbesondere wenn sie dazu dienen, Menschen zu Handlungen zu bewegen, die nicht im besten Interesse der betroffenen Person liegen. Es ist wichtig, das Prinzip in einer ethischen und verantwortungsbewussten Weise anzuwenden, um sicherzustellen, dass die Integrität der beteiligten Parteien gewahrt bleibt.

Die ethischen Überlegungen im Zusammenhang mit dem Konsistenzprinzip betreffen Fragen der Freiwilligkeit, Transparenz und Autonomie. Der Einsatz von Beeinflussungstechniken sollte auf Freiwilligkeit beruhen, und Menschen sollten in der Lage sein, informierte Entscheidungen zu treffen. Transparenz in der Kommunikation ist entscheidend, um sicherzustellen, dass Menschen verstehen, wie das Konsistenzprinzip angewendet wird. Die Autonomie der Einzelnen sollte respektiert werden, und Beeinflussungstechniken sollten nicht dazu führen, dass Menschen gegen ihren Willen handeln.

Insgesamt zeigt die umfassende Betrachtung des Konsistenzprinzips, dass es ein mächtiges Werkzeug in der menschlichen Kommunikation und Beeinflussung ist. Die psychologischen Grundlagen erklären, warum Menschen dazu neigen, konsistent zu handeln, und die Anwendungen erstrecken sich über verschiedene Lebensbereiche. Die Herausforderungen und ethischen Überlegungen betonen die Notwendigkeit einer verantwortungsbewussten Anwendung, um sicherzustellen, dass das Konsistenzprinzip zum Wohle aller genutzt wird.

Fragen stellen, um zum Nachdenken anzuregen

Das Stellen von Fragen, um zum Nachdenken anzuregen, ist eine kraftvolle Form der Kommunikation, die tiefe Reflexion, kritisches Denken und Selbstbewusstsein fördern kann. In dieser umfassenden Zusammenfassung werden die Bedeutung, die psychologischen Aspekte, die Anwendungen, die Arten von Fragen, die Vorteile und die Herausforderungen des Stellens von Fragen zur Anregung des Nachdenkens eingehend betrachtet.

Fragen sind grundlegende Elemente der menschlichen Kommunikation, und ihre Bedeutung erstreckt sich über verschiedene Kontexte und Situationen. Das gezielte Stellen von Fragen, die darauf abzielen, zum Nachdenken anzuregen, geht jedoch über den reinen Informationsaustausch hinaus. Es fordert Menschen dazu auf, ihre Gedanken zu vertiefen, ihre Überzeugungen zu hinterfragen und neue Perspektiven zu erkunden. In diesem Sinne dient das Stellen von Fragen als Katalysator für intellektuelle Wachstumsprozesse und fördert ein tieferes Verständnis sowohl bei den Fragenden als auch bei denjenigen, die die Fragen beantworten.

Die psychologische Dimension des Stellens von Fragen zur Anregung des Nachdenkens bietet einen faszinierenden Einblick in die kognitiven und emotionalen Prozesse, die durch diese Kommunikationsform ausgelöst werden. Verschiedene Aspekte, angefangen bei kognitiven Prozessen wie kritischem Denken, Erinnerung und Problemlösung bis hin zu emotionalen Reaktionen und dem Vertrauensverhältnis zwischen Fragesteller und Befragtem, beeinflussen maßgeblich die Wirkung und den Erfolg dieses Kommunikationsansatzes.

Kognitive Prozesse spielen eine zentrale Rolle, wenn es darum geht, durch Fragen das Denken anzuregen. Das kritische Denken, das die Fähigkeit umfasst, Informationen zu analysieren, zu bewerten und Schlussfolgerungen zu ziehen, wird durch gezielte Fragen stimuliert. Indem Fragen einen Raum für Reflexion schaffen, fordern sie die Individuen auf, ihre Gedanken zu organisieren und kritisch zu hinterfragen, was zu einer tieferen Verarbeitung der Informationen führt.

Erinnerungsprozesse werden ebenfalls durch das Stellen von Fragen beeinflusst. Wenn Menschen aufgefordert werden, über ihre Erfahrungen oder Kenntnisse nachzudenken, aktivieren sie ihre Erinnerungen. Dies ermöglicht nicht nur die Reaktivierung von Wissen, sondern fördert auch den Zugang zu persönlichen Erfahrungen und Emotionen, die mit bestimmten Erinnerungen verknüpft sind.

Die Fähigkeit zur Problemlösung wird durch Fragen geschärft, die auf praktische Anwendungen und Lösungen abzielen. Indem Menschen dazu ermutigt werden, über mögliche Lösungen nachzudenken, fördern Fragen den proaktiven Umgang mit Herausforderungen und tragen zur Entwicklung von Problemlösungskompetenzen bei.

Emotionale Reaktionen sind ein weiterer bedeutender Aspekt der psychologischen Dimension des Stellens von Fragen. Fragen haben die einzigartige Fähigkeit, persönliche Überzeugungen, Werte und Erfahrungen zu berühren. Dies kann zu emotionalen Reaktionen führen, da Menschen mit ihren eigenen Überlegungen und Erinnerungen in Berührung kommen. Emotionale Resonanz ist ein Schlüsselfaktor, der dazu beiträgt, eine tiefere Verbindung zum Inhalt der Frage herzustellen und die Motivation zur Reflexion zu steigern.

Die Art und Weise, wie Fragen formuliert sind, spielt eine entscheidende Rolle in ihrer Wirkung. Offene Fragen, die Raum für ausführliche und persönliche Antworten lassen, fördern eine tiefere Reflexion. Geschlossene Fragen können hingegen zu präzisen, aber möglicherweise oberflächlichen Antworten führen. Die Wahl der Worte, die Struktur der Frage und die Art der Fragestellung beeinflussen die Art der Antworten und die Tiefe der durch sie angeregten Gedanken.

Das Vertrauensverhältnis zwischen dem Fragesteller und dem Befragten ist ein weiterer wichtiger Faktor. Menschen sind eher bereit, tiefgründige Gedanken und persönliche Erfahrungen zu teilen, wenn sie sich in einer unterstützenden und vertrauensvollen Umgebung befinden. Ein Vertrauensverhältnis schafft eine Atmosphäre, in der die Befragten sich sicher fühlen, ihre Gedanken offen zu teilen, ohne Furcht vor Urteilen oder Konsequenzen.

Die psychologischen Aspekte des Stellens von Fragen zur Anregung des Nachdenkens verdeutlichen, dass dieser Kommunikationsansatz nicht nur auf intellektueller, sondern auch auf emotionaler Ebene wirksam ist. Die Interaktion von kognitiven Prozessen, emotionaler Resonanz, der Formulierung von Fragen und dem Vertrauensverhältnis beeinflusst die Tiefe und Qualität der Reflexion, die durch Fragen ausgelöst wird. Insgesamt illustriert diese Betrachtung die reichhaltige psychologische Landschaft, die im Kontext des Stellens von Fragen zur Anregung des Nachdenkens vorhanden ist.

Die Anwendungen des Stellens von Fragen zur Anregung des Nachdenkens sind vielfältig und reichen von Bildungsbereichen über berufliche Umgebungen bis hin zu persönlichen Beziehungen. In der Bildung fördert das gezielte Stellen von Fragen das aktive Lernen und ermöglicht es den Lernenden, tiefer in den Lehrstoff einzutauchen. Im beruflichen Kontext kann es dazu beitragen, innovative Lösungen zu finden, kritisches Denken zu fördern und Mitarbeiter dazu zu bringen, ihre beruflichen Ziele zu reflektieren. In persönlichen Beziehungen ermöglicht es das Stellen von Fragen, eine tiefere Verbindung herzustellen, Empathie zu zeigen und Verständnis füreinander zu entwickeln.

Es gibt verschiedene Arten von Fragen, die dazu dienen, zum Nachdenken anzuregen. Offene Fragen ermutigen zu ausführlichen und individuellen Antworten, während geschlossene Fragen spezifische Informationen abfragen. Reflexionsfragen fordern dazu auf, über persönliche Erfahrungen und Emotionen nachzudenken, während hypothetische Fragen die Vorstellungskraft anregen.

Provokative Fragen können dazu dienen, tief verwurzelte Überzeugungen herauszufordern und Denkanstöße zu geben. Die Wahl der richtigen Art von Frage hängt oft vom Kontext, den Zielen des Fragestellers und der Beziehung zwischen den Beteiligten ab.

Die Vorteile des Stellens von Fragen zur Anregung des Nachdenkens sind vielfältig. Auf kognitiver Ebene fördern sie kritisches Denken, analytische Fähigkeiten und die Fähigkeit zur Problemlösung. Emotional gesehen ermöglichen sie eine vertiefte Selbstreflexion, verbessern die emotionale Intelligenz und fördern empathische Verbindungen. In der Gruppeninteraktion können sie den Austausch von Ideen fördern, die Zusammenarbeit stärken und zu innovativen Lösungen führen. Das Stellen von Fragen ist auch ein Instrument der Selbstführung, da es dazu beitragen kann, persönliche Ziele zu klären, Entscheidungen zu treffen und das eigene Verhalten zu reflektieren.

Trotz der zahlreichen Vorteile gibt es auch Herausforderungen und Überlegungen beim Stellen von Fragen zur Anregung des Nachdenkens. Die Formulierung von Fragen erfordert Fingerspitzengefühl, da ungeschickt formulierte Fragen zu defensiven Reaktionen oder Missverständnissen führen können. Die Akzeptanz von Fragen kann von kulturellen, sozialen oder individuellen Unterschieden beeinflusst werden. Ein Mangel an Offenheit oder Vertrauen kann dazu führen, dass Menschen sich gegenüber dem Prozess des Nachdenkens verschließen. Es ist auch wichtig, sicherzustellen, dass das Stellen von Fragen nicht als Manipulation oder Übergriff wahrgenommen wird, sondern als unterstützende Methode zur persönlichen oder beruflichen Entwicklung.

Zusammenfassend lässt sich sagen, dass das Stellen von Fragen zur Anregung des Nachdenkens eine transformative Form der Kommunikation ist. Es durchdringt verschiedene Lebensbereiche und fördert kognitive, emotionale und soziale Aspekte der menschlichen Erfahrung. Die Vielfalt der Fragearten ermöglicht es, den Prozess an die spezifischen Anforderungen und Ziele anzupassen. Die Vorteile reichen von der Förderung von kritischem Denken bis zur Stärkung von Beziehungen und dem Erreichen persönlicher Ziele. Trotz der Herausforderungen bleibt das Stellen von Fragen eine wertvolle Fähigkeit, die dazu beiträgt, tiefe Einblicke zu gewinnen, Verbindungen herzustellen und das Streben nach Wissen und Selbstverbesserung zu unterstützen.

Expertenmeinungen einbeziehen

Das Einbeziehen von Expertenmeinungen ist eine grundlegende Praxis, die in verschiedenen Bereichen, von der Politik über die Wissenschaft bis hin zu Wirtschafts- und Entscheidungsprozessen, weit verbreitet ist. In dieser umfassenden Zusammenfassung werden die Bedeutung, die psychologischen und sozialen Aspekte, die Anwendungen, die Vor- und Nachteile sowie ethische Überlegungen des Einbeziehens von Expertenmeinungen eingehend betrachtet.

Die Bedeutung des Einbeziehens von Expertenmeinungen liegt in der Idee, dass Fachwissen und Erfahrung einen signifikanten Beitrag zur Informationsqualität und Entscheidungsfindung leisten können. Experten sind Personen, die aufgrund ihrer Ausbildung, Erfahrung oder Forschung über vertiefte Kenntnisse in einem bestimmten Bereich verfügen. Das Hinzuziehen ihrer Meinungen und Einschätzungen soll sicherstellen, dass komplexe Probleme von Personen mit entsprechendem Fachwissen analysiert werden, um fundierte Entscheidungen zu ermöglichen.

Psychologisch betrachtet spielt das Einbeziehen von Expertenmeinungen eine wichtige Rolle in der Informationsverarbeitung und Entscheidungsfindung. Menschen neigen dazu, Fachleuten aufgrund ihres spezifischen Wissens und ihrer Erfahrung ein höheres Maß an Glaubwürdigkeit zuzuschreiben. Dieser Effekt, als "Expertenbias" bekannt, kann dazu führen, dass die Meinungen von Experten stärker gewichtet werden als andere Informationsquellen.

Ein weiterer psychologischer Aspekt ist die Verantwortung, die mit dem Expertenstatus einhergeht. Experten können sich ihrer Rolle in der Gesellschaft bewusst sein und möglicherweise einen höheren moralischen Druck verspüren, qualitativ hochwertige und ethisch vertretbare Empfehlungen abzugeben. Dieser ethische Anspruch kann die Integrität der Expertenmeinungen beeinflussen und die Art und Weise, wie diese Meinungen präsentiert werden, beeinflussen.

Sozial gesehen kann das Einbeziehen von Expertenmeinungen eine breitere Akzeptanz und Legitimation von Entscheidungen fördern. Wenn Entscheidungsträger Experten in den Prozess einbeziehen, wird oft angenommen, dass die Entscheidungen auf einer soliden Grundlage beruhen. Dies kann dazu beitragen, das Vertrauen der Öffentlichkeit in den Entscheidungsprozess zu stärken und die Akzeptanz von politischen, wissenschaftlichen oder wirtschaftlichen Maßnahmen zu erleichtern.

Die Anwendungen des Einbeziehens von Expertenmeinungen sind vielfältig und reichen von politischen Entscheidungen über wissenschaftliche Forschung bis hin zu unternehmerischen Strategien. In der Politik werden Experten oft zu Beratern von Regierungen oder politischen Gremien ernannt, um evidenzbasierte Politikgestaltung zu fördern. In der Wissenschaft spielen Expertenmeinungen eine Schlüsselrolle bei der Peer-Review von Forschungsergebnissen und der Entwicklung wissenschaftlicher Theorien. In der Wirtschaft können Unternehmensführungen auf Expertenrat zurückgreifen, um strategische Entscheidungen zu treffen und Risiken zu bewerten.

Es gibt jedoch auch Herausforderungen und potenzielle Nachteile beim Einbeziehen von Expertenmeinungen. Eine mögliche Gefahr ist der Expertenfehler, bei dem Experten aufgrund von Voreingenommenheit, begrenztem Wissen oder unvollständigen Informationen falsche Einschätzungen abgeben. Ein weiteres Problem ist die Selektion von Experten, bei der die Auswahl der Fachleute subjektiv erfolgt und möglicherweise nicht die Vielfalt der Perspektiven in einem bestimmten Bereich widerspiegelt.

Ethik spielt eine entscheidende Rolle beim Einbeziehen von Expertenmeinungen. Fragen der Transparenz, Unabhängigkeit und Interessenkonflikte müssen sorgfältig berücksichtigt werden, um sicherzustellen, dass die Meinungen von Experten auf objektiven und unparteiischen Grundlagen basieren. Die Möglichkeit von finanziellen Interessenkonflikten oder ideologischen Voreingenommenheiten erfordert eine klare Offenlegung und transparente Prozesse, um das Vertrauen der Öffentlichkeit zu wahren.

Trotz dieser Herausforderungen gibt es zahlreiche Vorteile beim Einbeziehen von Expertenmeinungen. Experten können dazu beitragen, komplexe Probleme zu verstehen, wertvolle Einblicke zu bieten und realistische Lösungen zu entwickeln. Ihre Erfahrung und ihr Fachwissen können dazu beitragen, Risiken zu minimieren, fundierte Entscheidungen zu treffen und Innovationen voranzutreiben.

Insgesamt zeigt die umfassende Betrachtung des Einbeziehens von Expertenmeinungen, dass dieser Ansatz nicht nur eine praktische Anwendung in verschiedenen Bereichen hat, sondern auch tiefgreifende psychologische und ethische Implikationen birgt. Es ist von entscheidender Bedeutung, den Prozess des Einbeziehens von Expertenmeinungen transparent, ethisch und ausgewogen zu gestalten, um sicherzustellen, dass die resultierenden Entscheidungen qualitativ hochwertig und für die Gesellschaft akzeptabel sind.

Aufforderung zum Handeln

Die Aufforderung zum Handeln (CTA) ist ein fundamentales Konzept in der Kommunikation und Marketingstrategien. In dieser umfassenden Zusammenfassung werden die Bedeutung, die psychologischen Mechanismen, die verschiedenen Anwendungen, die Gestaltungsprinzipien von überzeugenden CTA, die Herausforderungen und Ethik des Einsatzes von Handlungsaufforderungen eingehend betrachtet.

Die Bedeutung der Aufforderung zum Handeln liegt in ihrer Fähigkeit, Menschen dazu zu bewegen, konkrete Maßnahmen zu ergreifen. Ob in Marketingkampagnen, politischen Reden oder sozialen Medien - die Aufforderung zum Handeln ist ein Werkzeug, das darauf abzielt, Menschen zu mobilisieren, ihre Einstellungen zu beeinflussen und Verhalten zu initiieren oder zu verstärken. Diese Aufforderungen können von einfachen Handlungen wie dem Klicken auf einen Link bis hin zu komplexeren Verhaltensweisen wie dem Kauf eines Produkts oder der Teilnahme an sozialen Bewegungen reichen.

Die psychologische Dimension der Aufforderung zum Handeln (CTA) ist faszinierend und basiert auf verschiedenen psychologischen Mechanismen, die die Wirksamkeit dieses Instruments erklären. Unter diesen Mechanismen sind der FOMO-Effekt (Fear of Missing Out), der soziale Beweiseffekt und der Verlustaversionseffekt besonders herausragend.

Der FOMO-Effekt spielt auf eine tief verwurzelte menschliche Angst vor dem Verpassen an. Diese Angst ist so stark, dass sie einen starken Einfluss auf das Verhalten ausübt. Der Gedanke, etwas Wichtiges oder Aufregendes zu verpassen, treibt Menschen dazu, aktiv an Aktivitäten teilzunehmen oder Entscheidungen zu treffen, um diese potenzielle Lücke in ihrem Leben zu verhindern. In Bezug auf Aufforderungen zum Handeln bedeutet dies, dass die Integration von Elementen, die den FOMO-Effekt ansprechen, Menschen dazu motivieren kann, sofort zu handeln, um mögliche Verluste zu vermeiden.

Der soziale Beweiseffekt nutzt die Tendenz der Menschen, sich an anderen zu orientieren und ihr Verhalten anhand dessen zu modellieren, was sie bei anderen sehen. Dieser Mechanismus ist eng mit dem Bedürfnis nach Zugehörigkeit und sozialer Akzeptanz verbunden. Wenn Menschen sehen, dass andere bereits eine bestimmte Handlung ausgeführt haben oder ein Produkt erworben haben, steigt die Wahrscheinlichkeit, dass sie diesem Beispiel folgen. Im Kontext von CTAs bedeutet dies, dass das Hervorheben von sozialen Beweisen, sei es durch Testimonials, Bewertungen oder Statistiken über die Popularität einer Aktion, die Überzeugungskraft der Aufforderung zum Handeln erheblich steigern kann.

Die Verlustaversion ist ein weiterer psychologischer Mechanismus, der bei CTAs eine bedeutende Rolle spielt. Menschen haben eine tief verwurzelte Neigung, den Verlust von Möglichkeiten oder Belohnungen zu vermeiden. Diese Tendenz kann dazu führen, dass Menschen risikoscheu sind und eher dazu neigen, Handlungen zu unternehmen, die potenzielle Verluste minimieren. Bei CTAs kann die Betonung von Verlusten, die vermieden werden können, die Motivation zur Handlung erheblich steigern. Zum Beispiel könnte die Formulierung einer Aufforderung wie "Verpassen Sie nicht die Gelegenheit, jetzt zu handeln und von exklusiven Angeboten zu profitieren" die Verlustaversion ansprechen und die Bereitschaft zur sofortigen Handlung fördern.

Diese psychologischen Mechanismen zeigen, dass CTAs nicht nur auf rationale Überlegungen, sondern auch auf tiefliegenden emotionalen und sozialen Bedürfnissen basieren. Durch das Verständnis dieser Mechanismen können Marketingexperten, Werbetreibende und Entscheidungsträger gezieltere und effektivere Handlungsaufforderungen entwickeln, die besser auf die psychologischen Bedürfnisse ihrer Zielgruppen zugeschnitten sind.

Es ist wichtig zu beachten, dass diese Mechanismen nicht isoliert, sondern oft in Kombination wirken. Zum Beispiel kann eine Aufforderung zum Handeln, die den FOMO-Effekt und den sozialen

Beweiseffekt kombiniert, besonders wirkungsvoll sein. Menschen könnten sich angespornt fühlen, nicht nur aufgrund der Angst, etwas zu verpassen, sondern auch aufgrund des sozialen Drucks, der durch die Handlungen anderer entsteht.

Es gibt verschiedene Anwendungen der Aufforderung zum Handeln in unterschiedlichen Kontexten. Im Marketing wird die CTA oft in Anzeigen, E-Mails und auf Websites verwendet, um Kunden dazu zu bewegen, Produkte zu kaufen oder sich für Dienstleistungen anzumelden. In sozialen Medien werden CTA genutzt, um Engagement zu fördern, sei es durch das Teilen von Inhalten, das Abonnieren von Kanälen oder das Liken von Beiträgen. In politischen Reden und Aktivismus werden Handlungsaufforderungen eingesetzt, um Unterstützung zu mobilisieren und Menschen dazu zu bewegen, sich an politischen Prozessen oder sozialen Bewegungen zu beteiligen.

Die Gestaltungsprinzipien von überzeugenden CTAs spielen eine entscheidende Rolle bei ihrer Effektivität. Die Formulierung sollte klar, prägnant und handlungsorientiert sein. Verben wie "Kaufen", "Registrieren" oder "Jetzt ansehen" werden oft verwendet, um eine klare Handlungsaufforderung zu geben. Die Platzierung ist ebenso wichtig und sollte strategisch platziert sein, um maximale Sichtbarkeit zu gewährleisten. Die Verwendung von ansprechenden visuellen Elementen, auffälligen Farben und auffälligen Schriftarten kann die Aufmerksamkeit erhöhen.

Es gibt jedoch Herausforderungen beim Einsatz von Aufforderungen zum Handeln. Eine zu häufige Verwendung kann zu einer Sättigung führen und die Wirksamkeit verringern. Die mangelnde Anpassung an die Zielgruppe und das Fehlen eines klaren Nutzens für die Handlung können dazu führen, dass Menschen die CTA ignorieren. In einigen Fällen kann die Aufforderung zum Handeln auch als aufdringlich oder manipulativ wahrgenommen werden, insbesondere wenn sie nicht transparent oder ethisch ist.

Ethik spielt eine zentrale Rolle im Einsatz von Aufforderungen zum Handeln. Es ist wichtig sicherzustellen, dass CTA nicht irreführend sind und die Menschen zu Handlungen verleiten, die nicht im Einklang mit ihren Interessen oder Werten stehen. Die Transparenz darüber, welche Handlungen erwartet werden und welche Vorteile oder Konsequenzen sie haben, ist von entscheidender Bedeutung. Der Schutz der Privatsphäre und die Einhaltung ethischer Standards sind unerlässlich, um das Vertrauen der Zielgruppe zu wahren.

Zusammenfassend lässt sich sagen, dass die Aufforderung zum Handeln ein vielseitiges und leistungsstarkes Instrument ist, das in verschiedenen Kontexten eingesetzt wird, um Menschen zu bewegen, zu beeinflussen und zu mobilisieren. Psychologische Mechanismen wie der FOMO-Effekt und der soziale Beweiseffekt tragen zur Wirksamkeit bei. Die klare Formulierung, strategische Platzierung und ethische Anwendung sind entscheidend für den erfolgreichen Einsatz von Aufforderungen zum Handeln. Der verantwortungsbewusste Einsatz dieses Instruments ermöglicht es, die gewünschten Verhaltensweisen zu fördern, ohne die Integrität oder das Vertrauen der Zielgruppe zu gefährden.

Geduld haben

Geduld ist eine Tugend, die oft als eine der anspruchsvollsten, aber auch als eine der lohnendsten Eigenschaften des menschlichen Charakters betrachtet wird. Diese umfassende Zusammenfassung wird sich eingehend mit der Bedeutung von Geduld, ihren psychologischen Aspekten, Anwendungen in verschiedenen Lebensbereichen, Strategien zur Entwicklung von Geduld, den gesundheitlichen Vorteilen und den Herausforderungen im Umgang mit Ungeduld befassen.

Die Bedeutung von Geduld erstreckt sich über verschiedene Facetten des menschlichen Lebens. In einer schnelllebigen Welt, die von ständiger Veränderung und sofortiger Befriedigung geprägt ist, wird Geduld zu einer kostbaren Fähigkeit. Geduld bedeutet nicht nur, auf etwas zu warten, sondern auch, währenddessen Ruhe zu bewahren und eine positive Haltung zu bewahren. Es geht um die Fähigkeit, Verzögerungen, Rückschläge und Unsicherheiten ohne Frustration oder Ärger zu akzeptieren.

Die psychologischen Aspekte der Geduld werfen ein faszinierendes Licht auf die inneren Mechanismen, die diese Tugend prägen. Geduld ist eng mit verschiedenen psychologischen Konzepten verbunden, darunter Selbstregulierung, emotionale Intelligenz und Belohnungsaufschub, die gemeinsam dazu beitragen, die Fähigkeit zur Geduld zu formen und zu beeinflussen.

Selbstregulierung ist ein Schlüsselaspekt in der Psychologie der Geduld. Diese Fähigkeit bezieht sich auf die Kontrolle und Regulation der eigenen Emotionen, Impulse und Reaktionen in verschiedenen Situationen. Geduldige Menschen zeichnen sich oft durch eine erhöhte Selbstregulierung aus, was bedeutet, dass sie in der Lage sind, selbst in herausfordernden oder frustrierenden Situationen einen klaren Kopf zu bewahren. Diese emotionale Stabilität ermöglicht es ihnen, ihre Reaktionen bewusst zu steuern und nicht impulsiv auf externe Reize zu reagieren.

Die Verbindung zwischen Geduld und Selbstregulierung kann durch die Forschung in der Emotionsregulation unterstützt werden. Emotionsregulation bezieht sich darauf, wie Menschen ihre emotionalen Zustände beeinflussen, um angemessene Reaktionen auf die Umwelt zu gewährleisten. Geduldige Menschen neigen dazu, effektivere Emotionsregulationsstrategien zu nutzen, um mit Herausforderungen umzugehen, was zu einem stabilen emotionalen Zustand und einer erhöhten Fähigkeit zur Bewältigung führt.

Ein weiterer wichtiger psychologischer Aspekt ist die emotionale Intelligenz. Geduldige Menschen zeigen oft höhere Grade an emotionaler Intelligenz, was sich auf ihre Fähigkeit bezieht, ihre eigenen Emotionen zu verstehen, die Emotionen anderer wahrzunehmen und effektiv mit ihnen zu interagieren. Emotionale Intelligenz ermöglicht es, die eigenen Gefühle in einem breiteren Kontext zu betrachten, was dazu beiträgt, geduldigere und rationalere Entscheidungen zu treffen, selbst in herausfordernden oder stressigen Situationen.

Die Fähigkeit, mit Frustration und Stress umzugehen, ist ein weiterer Schwerpunkt in der Psychologie der Geduld. Geduldige Menschen neigen dazu, Stressoren als weniger belastend zu erleben und besser mit Frustrationen umzugehen. Dies kann auf ihre erhöhte emotionale Intelligenz zurückzuführen sein, die es ihnen ermöglicht, Stressoren zu identifizieren und Strategien zu entwickeln, um damit umzugehen. In diesem Kontext fungiert Geduld als Puffer gegenüber den negativen Auswirkungen von Stress und Frustration.

Der Belohnungsaufschub ist ein weiterer psychologischer Mechanismus, der die Geduld prägt. Diese Fähigkeit bezieht sich darauf, kurzfristige Befriedigung oder Belohnung zugunsten größerer, langfristiger Ziele zu verzögern. Geduldige Menschen zeigen eine höhere Neigung zum Belohnungsaufschub, was bedeutet, dass sie in der Lage sind, langfristige Ziele und Ergebnisse über sofortige Befriedigung zu stellen. Diese

Bereitschaft, kurzfristiges Unbehagen oder Verzicht zu akzeptieren, um langfristige Vorteile zu erzielen, trägt zur Entwicklung und Aufrechterhaltung von Geduld bei.

Die Forschung zum Belohnungsaufschub zeigt, dass Menschen mit einer höheren Tendenz zur Geduld oft eine verbesserte Fähigkeit zur Entscheidungsfindung, höhere akademische Leistungen und eine bessere psychische Gesundheit aufweisen. Diese Ergebnisse verdeutlichen, dass die Fähigkeit zur Geduld nicht nur eine passive Eigenschaft ist, sondern aktiv mit der Fähigkeit zur langfristigen Zielerreichung und Selbstkontrolle verknüpft ist.

Die Anwendungen von Geduld erstrecken sich über verschiedene Lebensbereiche. In persönlichen Beziehungen ist Geduld entscheidend für das Verständnis, die Toleranz und die Konfliktlösung. In der beruflichen Entwicklung spielt Geduld eine Rolle bei der Ausdauer, der Fähigkeit, Herausforderungen zu bewältigen, und der strategischen Planung für langfristige Ziele. In der Bildung fördert Geduld das Lernen und die Entwicklung von Fähigkeiten, während im Gesundheitswesen die Geduld bei der Bewältigung von Krankheiten und Rehabilitation eine wichtige Rolle spielt.

Strategien zur Entwicklung von Geduld sind vielfältig und reichen von bewusster Selbstreflexion über Achtsamkeitsübungen bis hin zur Etablierung realistischer Erwartungen. Selbstreflexion ermöglicht es Menschen, ihre eigenen Geduldsgrenzen zu erkennen und gezielt an ihrer Ausdehnung zu arbeiten. Achtsamkeitsübungen, wie Meditation und Atemtechniken, können dazu beitragen, den Geist zu beruhigen und die Fähigkeit zur Geduld zu stärken. Realistische Erwartungen setzen den Grundstein für Geduld, indem sie Menschen dazu ermutigen, sich bewusst zu machen, dass nicht alles sofort erfolgt und dass Veränderungen Zeit brauchen.

Die gesundheitlichen Vorteile von Geduld sind weitreichend. Studien deuten darauf hin, dass geduldige Menschen tendenziell bessere emotionale Gesundheit, niedrigeren Stress und eine verbesserte Lebenszufriedenheit aufweisen. Geduld kann auch die körperliche Gesundheit beeinflussen, indem sie den Blutdruck senkt, das Immunsystem stärkt und die allgemeine Lebensqualität verbessert.

Herausforderungen im Umgang mit Ungeduld sind jedoch allgegenwärtig. Die moderne Gesellschaft, die von sofortiger Befriedigung und unmittelbaren Ergebnissen geprägt ist, kann Ungeduld fördern. Technologische Fortschritte und die Verfügbarkeit von Informationen in Echtzeit haben zu einem Klima der Ungeduld beigetragen, in dem Menschen oft Schwierigkeiten haben, auf Veränderungen oder Ergebnisse zu warten. Die Kultur der Sofortigkeit kann die Entwicklung von Geduld behindern und zu erhöhtem Stress, Angstzuständen und Unzufriedenheit führen.

Insgesamt verdeutlicht diese umfassende Betrachtung die vielschichtige Natur von Geduld und ihre tiefgreifenden Auswirkungen auf das menschliche Leben. Geduld ist nicht nur eine passive Tugend des Wartens, sondern eine aktive Fähigkeit, die Selbstregulierung, emotionale Intelligenz und Belohnungsaufschub umfasst. Durch die Anwendung von Geduld in verschiedenen Lebensbereichen können Menschen nicht nur ihre persönliche Entwicklung fördern, sondern auch zu einer harmonischeren und nachhaltigeren Gesellschaft beitragen.

Veränderungen als Chance präsentieren

Veränderungen als Chance zu präsentieren, ist eine Perspektive, die nicht nur die Art und Weise beeinflusst, wie wir Veränderungen wahrnehmen, sondern auch unsere Fähigkeit, sie zu bewältigen und daraus zu wachsen. Diese umfassende Zusammenfassung wird tief in die Bedeutung dieser Perspektive eintauchen, die psychologischen Aspekte der Veränderungsbewältigung beleuchten, Anwendungen in verschiedenen Lebensbereichen analysieren, Strategien zur Förderung einer chancenorientierten Einstellung betrachten, die gesundheitlichen Auswirkungen dieser Perspektive erkunden und mögliche Herausforderungen bei ihrer Umsetzung aufzeigen.

Veränderungen als Chance zu präsentieren ist mehr als nur eine optimistische Sichtweise; es ist eine aktive Entscheidung, Veränderungen als Möglichkeiten für Wachstum und Entwicklung zu betrachten. In einer Welt, die ständigem Wandel unterworfen ist, bietet diese Perspektive einen Rahmen, um mit Unsicherheit umzugehen und eine proaktive Herangehensweise an Veränderungen zu fördern. Es geht darum, nicht nur die Herausforderungen, sondern auch die Potenziale in Veränderungen zu erkennen und diese als Plattform für persönliche und berufliche Evolution zu nutzen.

Die psychologische Verbindung zwischen der Fähigkeit, Veränderungen als Chance zu präsentieren, und den Konzepten der Resilienz, Selbstwirksamkeit und offenen Denkweise ist von entscheidender Bedeutung, um die tiefgreifende Natur dieser Perspektive zu verstehen und wie sie individuelles Wachstum fördert.

Resilienz, als psychologisches Konzept, beschreibt die Fähigkeit, Herausforderungen zu bewältigen, Rückschläge zu überwinden und gestärkt aus schwierigen Situationen hervorzugehen. Menschen, die Veränderungen als Chance betrachten, zeigen tendenziell eine höhere Resilienz, da sie in der Lage sind, sich an neue Gegebenheiten anzupassen und aus ihnen zu lernen. Diese

Anpassungsfähigkeit ermöglicht es ihnen, auch in unvorhersehbaren oder herausfordernden Umständen ihre emotionale Stabilität zu bewahren.

Die Verbindung zwischen Veränderungen als Chance und Resilienz liegt in der aktiven Suche nach Möglichkeiten zur persönlichen Entwicklung inmitten von Unsicherheit. Während einige Menschen dazu neigen, sich von Veränderungen überfordert zu fühlen und in der Unsicherheit zu verharren, sehen resiliente Individuen die Veränderung als eine Gelegenheit zur Stärkung ihrer psychologischen Widerstandsfähigkeit. Sie akzeptieren nicht nur die Realität von Veränderungen, sondern nutzen sie aktiv als Antrieb für persönliches Wachstum und Selbstverbesserung.

Ein weiteres zentrales Konzept ist die Selbstwirksamkeit, also der Glaube an die eigene Fähigkeit, Herausforderungen zu bewältigen und positive Veränderungen herbeizuführen. Diejenigen, die Veränderungen als Chance präsentieren, weisen tendenziell eine höhere Selbstwirksamkeit auf. Diese positive, chancenorientierte Einstellung erhöht das Vertrauen in die eigenen Fähigkeiten, mit Veränderungen umzugehen und diese aktiv zu gestalten. Selbstwirksamkeitserwartungen beeinflussen direkt, wie Menschen mit neuen Situationen umgehen, und haben einen großen Einfluss auf ihre Entschlossenheit und ihren Einsatz, um Hindernisse zu überwinden.

Menschen mit hoher Selbstwirksamkeit neigen dazu, in Veränderungen nicht nur Probleme zu sehen, sondern auch Lösungen. Diese Überzeugung, dass sie Einfluss auf ihre Umgebung und ihre eigene Entwicklung haben, stärkt ihre Fähigkeit, aktiv auf Veränderungen zuzugehen, statt passiv darauf zu reagieren. Die Verbindung zwischen Selbstwirksamkeit und der Perspektive von Veränderungen als Chance liegt in der positiven Beeinflussung der inneren Einstellung, die den Glauben an die eigene Handlungsfähigkeit inmitten des Wandels stärkt.

Die offene Denkweise ist ein weiterer Schlüsselfaktor, der die Verbindung zwischen der Perspektive von Veränderungen als Chance und psychologischen Konzepten verdeutlicht. Eine offene Denkweise beinhaltet die Bereitschaft, neue Ideen und Perspektiven zu akzeptieren, was die Anpassungsfähigkeit fördert. Menschen, die Veränderungen als Chance sehen, haben oft eine offene Denkweise gegenüber neuen Möglichkeiten und sind bereit, sich auf unterschiedliche Sichtweisen einzulassen.

Diese Offenheit ermöglicht es ihnen, die positiven Aspekte von Veränderungen zu erkennen und innovative Lösungen zu finden. Die Verbindung zwischen einer offenen Denkweise und der Perspektive von Veränderungen als Chance liegt in der Fähigkeit, die Unsicherheit, die oft mit Veränderungen einhergeht, als kreativen Raum zu betrachten. Durch die Offenheit für neue Ideen und Herangehensweisen können Menschen die Chancen in Veränderungen besser erkennen und diese aktiv nutzen.

Die Anwendungen der Perspektive, Veränderungen als Chance zu präsentieren, erstrecken sich über verschiedene Lebensbereiche. In der beruflichen Entwicklung ermöglicht diese Einstellung die Anpassung an sich ändernde Arbeitsumgebungen, die Übernahme neuer Aufgaben und die Förderung beruflicher Weiterentwicklung. In persönlichen Beziehungen stärkt die chancenorientierte Einstellung die Kommunikation, fördert Verständnis und schafft Raum für gemeinsames Wachstum. In der Bildung eröffnet diese Perspektive die Möglichkeit, aus Misserfolgen zu lernen, Fähigkeiten zu verbessern und eine kontinuierliche Lernhaltung zu kultivieren.

Strategien zur Förderung einer chancenorientierten Einstellung reichen von der bewussten Reflexion über Veränderungen bis hin zur Entwicklung von Anpassungsfähigkeit und einer positiven Denkweise. Die bewusste Reflexion erlaubt es Menschen, ihre Haltung gegenüber Veränderungen zu hinterfragen und aktiv nach den Chancen in neuen Situationen zu suchen. Die Anpassungsfähigkeit, die Fähigkeit, flexibel auf unterschiedliche

Anforderungen zu reagieren, ist eine Schlüsselkomponente einer chancenorientierten Einstellung. Eine positive Denkweise, die die Fokussierung auf Lösungen anstelle von Problemen beinhaltet, trägt dazu bei, die Chancen in Veränderungen zu erkennen und zu nutzen.

Die gesundheitlichen Auswirkungen der Perspektive, Veränderungen als Chance zu präsentieren, sind ebenfalls bedeutend. Forschung deutet darauf hin, dass Menschen mit einer positiven Einstellung zu Veränderungen oft eine bessere psychische Gesundheit, niedrigere Stressniveaus und eine höhere Lebenszufriedenheit aufweisen. Die Fähigkeit, Veränderungen als Möglichkeit für persönliches Wachstum zu sehen, trägt dazu bei, die Belastung durch stressige Lebensereignisse zu reduzieren und den Umgang mit Unsicherheit zu erleichtern.

Dennoch gibt es mögliche Herausforderungen bei der Umsetzung dieser Perspektive. Kulturelle Unterschiede, persönliche Widerstände gegenüber Veränderungen und externe Stressoren können die Fähigkeit beeinträchtigen, Veränderungen als Chance zu präsentieren. Es erfordert einen bewussten und kontinuierlichen Prozess, diese Perspektive zu kultivieren und aufrechtzuerhalten.

Zusammenfassend lässt sich sagen, dass die Perspektive, Veränderungen als Chance zu präsentieren, nicht nur eine optimistische Sichtweise ist, sondern eine aktive Entscheidung, die auf psychologischen Prinzipien wie Resilienz, Selbstwirksamkeit und einer offenen Denkweise basiert. Die Anwendungen erstrecken sich über verschiedene Lebensbereiche, und die gesundheitlichen Auswirkungen sind beeindruckend. Durch die Anwendung von Strategien zur Förderung einer chancenorientierten Einstellung können Menschen nicht nur besser mit Veränderungen umgehen, sondern auch ihr volles Potenzial für persönliches und berufliches Wachstum entfalten.

Rationalität und logische Argumentation nutzen

Die Nutzung von Rationalität und logischer Argumentation ist ein tiefgreifendes Thema, das nicht nur die Art und Weise beeinflusst, wie wir Entscheidungen treffen, sondern auch, wie wir unsere Überzeugungen bilden und mit anderen kommunizieren. In dieser umfassenden Zusammenfassung werden wir uns eingehend mit der Bedeutung von Rationalität und logischer Argumentation auseinandersetzen, ihre psychologischen Grundlagen beleuchten, praktische Anwendungen in verschiedenen Lebensbereichen analysieren, mögliche Herausforderungen aufzeigen und Strategien zur Stärkung dieser kognitiven Fähigkeiten erkunden.

Rationalität und logische Argumentation sind grundlegende Aspekte des menschlichen Denkens und Entscheidens. Rationalität bezieht sich auf die Fähigkeit, klare, fundierte Entscheidungen zu treffen, basierend auf logischen Überlegungen und vernünftigen Schlussfolgerungen. Logische Argumentation ist der Prozess des strukturierten Denkens, bei dem klare Prämissen zu einer kohärenten Schlussfolgerung führen. Die Synergie dieser beiden Elemente bildet das Fundament für ein effektives Denken und Entscheiden.

In der psychologischen Analyse zeigt sich, dass die Rationalität als kognitive Fähigkeit auf einer Reihe von Prozessen beruht, die in höheren Denkfunktionen des Gehirns verankert sind. Diese Prozesse, darunter logisches Denken, Informationsabwägung und kritisches Urteilsvermögen, bilden die Grundlage für die rationale Herangehensweise an Entscheidungen, Problemlösungen und die Bewertung von Informationen.

Das logische Denken ist eine grundlegende kognitive Fähigkeit, die es ermöglicht, klare Verbindungen zwischen Ideen herzustellen. Dieser Prozess beinhaltet die Fähigkeit, Muster zu erkennen, Schlussfolgerungen zu ziehen und Ursache-Wirkungs-Beziehungen zu verstehen. Logisches Denken ermöglicht es, komplexe Informationen zu strukturieren und in einen sinnvollen Kontext zu setzen. Menschen, die über ausgeprägtes logisches Denken verfügen, sind besser in der Lage, logische Argumente zu entwickeln, rationale Schlussfolgerungen zu ziehen und kohärente Lösungen für komplexe Probleme zu finden.

Die Fähigkeit zur Informationsabwägung ist ein weiterer essenzieller Bestandteil der Rationalität. Sie beinhaltet das kritische Bewerten und Priorisieren von Informationen, um zu einer fundierten Entscheidung zu gelangen. Psychologisch betrachtet basiert die Informationsabwägung auf der Fähigkeit, relevante von irrelevanten Informationen zu unterscheiden, die Glaubwürdigkeit von Quellen zu bewerten und verschiedene Perspektiven zu berücksichtigen. Dieser Prozess erfordert eine aktive geistige Anstrengung, um sicherzustellen, dass die Informationen, die in die Entscheidungsfindung einfließen, fundiert und objektiv sind.

Kritisches Urteilsvermögen ist ein weiterer entscheidender Aspekt der Rationalität. Es bezieht sich auf die Fähigkeit, Informationen objektiv zu bewerten, potenzielle Vorurteile zu erkennen und zu vermeiden sowie rationale Schlussfolgerungen zu ziehen. Kritisches Urteilsvermögen erfordert eine bewusste Analyse der vorhandenen Informationen, die Berücksichtigung verschiedener Perspektiven und die Fähigkeit, Emotionen von objektiven Beurteilungen zu trennen. Psychologisch gesehen entwickelt sich das kritische Urteilsvermögen durch Erfahrung, Lernen aus Fehlern und die kontinuierliche Reflexion über das eigene Denken.

Diese kognitiven Fähigkeiten sind nicht statisch, sondern entwickeln sich im Laufe der Zeit durch Erfahrung, Bildung und bewusste Anstrengungen zur kognitiven Verbesserung. Erfahrungen bieten die Möglichkeit, verschiedene Denkansätze zu erkunden und kognitive Fähigkeiten zu verfeinern. Bildung spielt eine entscheidende Rolle bei der Entwicklung von Rationalität, indem sie den Zugang zu Wissen, Denkwerkzeugen und analytischen Fähigkeiten ermöglicht. Die bewusste Anstrengung zur kognitiven Verbesserung beinhaltet die Bereitschaft, kontinuierlich zu lernen, kritisches Denken zu fördern und sich aktiv mit verschiedenen Ideen auseinanderzusetzen.

Einflüsse wie kultureller Hintergrund, individuelle Erfahrungen und persönliche Überzeugungen können jedoch die Entwicklung von Rationalität beeinflussen. Kulturelle Unterschiede können dazu führen, dass Menschen unterschiedliche Prioritäten setzen oder verschiedene Herangehensweisen an logisches Denken haben. Individuelle Erfahrungen können emotionale Reaktionen beeinflussen und das kritische Urteilsvermögen formen. Persönliche Überzeugungen können dazu neigen, das logische Denken zu beeinflussen, wenn Menschen dazu neigen, Informationen so zu interpretieren, dass sie mit ihren bestehenden Überzeugungen in Einklang stehen.

Die logische Argumentation als Prozess beinhaltet das Verständnis von Prämissen, die Fähigkeit, kausale Beziehungen zu erkennen, und die Fertigkeit, zu einer schlüssigen Schlussfolgerung zu gelangen. Psychologisch gesehen sind diese Fähigkeiten eng mit der kognitiven Entwicklung und dem Erwerb von Denkstrategien verbunden. Menschen, die effektiv logisch argumentieren können, neigen dazu, eine verbesserte Fähigkeit zur Problemlösung, kritischen Analyse und klaren Kommunikation zu zeigen.

Die Anwendung von Rationalität und logischer Argumentation erstreckt sich über verschiedene Lebensbereiche. In der beruflichen Umgebung ist die Fähigkeit, rationale Entscheidungen zu treffen und logische Argumente zu präsentieren, entscheidend für effektive Führung, Teamarbeit und Problemlösung. In persönlichen Beziehungen ermöglicht eine rationale Herangehensweise das Verständnis und die Lösung von Konflikten, während logische Argumentation zu einer klareren Kommunikation und einem besseren Verständnis zwischen den Partnern beitragen kann.

In der Bildung spielt die Förderung von Rationalität und logischer Argumentation eine zentrale Rolle bei der Entwicklung kritischen Denkens und analytischer Fähigkeiten bei Schülern. Die Fähigkeit, Informationen zu bewerten, fundierte Schlussfolgerungen zu ziehen und klare Argumente zu präsentieren, ist entscheidend für den akademischen Erfolg und die langfristige intellektuelle Entwicklung.

Praktisch gesehen können Strategien zur Stärkung von Rationalität und logischer Argumentation die aktive Auseinandersetzung mit unterschiedlichen Perspektiven, das systematische Sammeln und Bewerten von Informationen sowie die bewusste Anwendung von Denkwerkzeugen wie Argumentationsanalyse und kritischem Denken umfassen. Der bewusste Einsatz dieser Strategien fördert nicht nur eine verbesserte kognitive Leistung, sondern trägt auch zu einem tieferen Verständnis von komplexen Problemen bei.

Trotz der klaren Vorteile und Anwendungen gibt es jedoch mögliche Herausforderungen bei der Umsetzung von Rationalität und logischer Argumentation. Kognitive Verzerrungen, emotionale Einflüsse und soziale Druckfaktoren können das rationale Denken beeinträchtigen und zu Entscheidungen führen, die weniger auf logischen Überlegungen basieren. Das Bewusstsein für diese Herausforderungen ist der erste Schritt zur Überwindung, und gezielte Schulungen und Übungen können dazu beitragen, diese kognitiven Fallstricke zu minimieren.

In der heutigen Zeit, in der Informationsüberflutung und komplexe Probleme allgegenwärtig sind, wird die Fähigkeit zur Anwendung von Rationalität und logischer Argumentation immer wichtiger. Die ständige Entwicklung dieser kognitiven Fähigkeiten erfordert eine kontinuierliche Auseinandersetzung mit neuen Informationen, eine kritische Selbstreflexion und die Bereitschaft, verschiedene Denkansätze zu erforschen.

Zusammenfassend lässt sich sagen, dass die Nutzung von Rationalität und logischer Argumentation nicht nur eine intellektuelle Fähigkeit ist, sondern eine lebenslange Reise der kognitiven Verbesserung. Die psychologischen Grundlagen dieser Fähigkeiten zeigen, dass sie nicht statisch sind, sondern durch bewusste Anstrengungen zur Weiterentwicklung und kontinuierliche Anwendung verbessert werden können. Durch die Anwendung von Strategien und die Überwindung möglicher Herausforderungen können Menschen nicht nur ihre Entscheidungsfindung verbessern, sondern auch zu klaren Denkern und effektiven Kommunikatoren heranreifen.

Gegenseitigen Respekt zeigen

Die Bedeutung des gegenseitigen Respekts erstreckt sich über verschiedene Lebensbereiche und zwischenmenschliche Beziehungen. In dieser umfassenden Zusammenfassung werden wir uns eingehend mit der Psychologie des gegenseitigen Respekts auseinandersetzen, die Auswirkungen auf individuelles Wohlbefinden, Beziehungen, Arbeitsumgebungen und die Gesellschaft als Ganzes analysieren. Dabei werden wir die psychologischen Grundlagen des Respekts beleuchten, praktische Anwendungen untersuchen, mögliche Herausforderungen aufzeigen und Strategien zur Förderung eines respektvollen Miteinanders erkunden.

Psychologisch betrachtet ist der gegenseitige Respekt ein zentraler Baustein für positive zwischenmenschliche Beziehungen. Er basiert auf der Anerkennung der individuellen Würde, der Akzeptanz von Vielfalt und der Empathie für die Bedürfnisse und Perspektiven anderer. Diese psychologischen Grundlagen des Respekts sind tief in der menschlichen Natur verwurzelt und spielen eine entscheidende Rolle bei der Förderung von Harmonie, Zusammenarbeit und einem gesunden sozialen Umfeld.

Der Respekt gegenüber anderen Menschen hat tiefgreifende Auswirkungen auf das individuelle Wohlbefinden. Psychologisch betrachtet schafft der Respekt ein Gefühl der Anerkennung und Validierung, was zu einer positiven Selbstwahrnehmung führt. Menschen, die respektvoll behandelt werden, neigen dazu, ein höheres Selbstwertgefühl zu entwickeln und sich in ihrer Umgebung sicherer zu fühlen. Diese psychologische Sicherheit trägt dazu bei, Stress zu reduzieren und das allgemeine emotionale Wohlbefinden zu fördern.

In zwischenmenschlichen Beziehungen, sei es in Freundschaften, romantischen Partnerschaften oder Familien, ist der gegenseitige Respekt ein Eckpfeiler für eine gesunde und stabile Verbindung. Psychologisch gesehen fördert der Respekt ein Gefühl der Vertrauensbildung und emotionalen Verbundenheit. Menschen, die sich respektiert fühlen, neigen dazu, offener zu kommunizieren, Konflikte konstruktiv zu lösen und ein unterstützendes Umfeld für persönliches Wachstum zu schaffen. Die psychologische Sicherheit, die durch Respekt entsteht, ermöglicht es, authentische Beziehungen aufzubauen und die emotionale Intimität zu vertiefen.

Am Arbeitsplatz spielt der gegenseitige Respekt eine entscheidende Rolle in der Schaffung einer positiven Unternehmenskultur und eines produktiven Arbeitsumfelds. Psychologisch betrachtet beeinflusst der Respekt die Mitarbeiterzufriedenheit, das Engagement und die Teamdynamik. Mitarbeiter, die sich respektiert fühlen, sind motivierter, innovative Ideen beizutragen, und neigen dazu, effektiver zusammenzuarbeiten. Die psychologische Wirkung von Respekt am Arbeitsplatz erstreckt sich auf die Förderung von Mitarbeiterbindung, die Reduzierung von Konflikten und die Schaffung einer gesunden Arbeitsatmosphäre.

In der Gesellschaft insgesamt spielt der gegenseitige Respekt eine fundamentale Rolle bei der Förderung von sozialem Zusammenhalt und Solidarität. Psychologisch betrachtet trägt der Respekt zur Schaffung einer inklusiven Gemeinschaft bei, in der Vielfalt geschätzt wird und Menschen unabhängig von ihren Unterschieden anerkannt werden. Dies fördert ein Gefühl der Zusammengehörigkeit und stärkt das soziale Gewebe. Die psychologischen Auswirkungen von Respekt auf gesellschaftlicher Ebene sind vielschichtig und reichen von der Reduzierung von Diskriminierung und Vorurteilen bis zur Förderung von sozialer Gerechtigkeit.

Die praktische Anwendung des gegenseitigen Respekts erfordert eine bewusste Auseinandersetzung mit den individuellen Überzeugungen, Werten und Verhaltensweisen. Psychologisch betrachtet kann die Entwicklung eines respektvollen Mindsets durch die Förderung von Empathie, interkultureller Sensibilität und konstruktiver Kommunikationsfähigkeiten gefördert werden. Die Bereitschaft, verschiedene Perspektiven zu verstehen, Vorurteile zu überwinden und authentisch zu kommunizieren, sind Schlüsselaspekte bei der Umsetzung von Respekt im täglichen Leben.

Trotz der offensichtlichen Vorteile des gegenseitigen Respekts können bestimmte Herausforderungen auftreten. Psychologisch betrachtet können kulturelle Unterschiede, persönliche Vorurteile und negative Erfahrungen in der Vergangenheit die Fähigkeit zur Entwicklung von Respekt beeinträchtigen. Das Bewusstsein für diese Herausforderungen ist entscheidend, um gezielte Maßnahmen zur Überwindung zu ergreifen.

Strategien zur Förderung des gegenseitigen Respekts können auf individueller, zwischenmenschlicher und gesellschaftlicher Ebene ansetzen. Psychologisch betrachtet ist die Selbsterziehung ein entscheidender Schritt. Dies umfasst die kontinuierliche Reflexion über die eigenen Überzeugungen, die Bereitschaft zur persönlichen Weiterentwicklung und die Offenheit für neue Perspektiven. Auf zwischenmenschlicher Ebene sind aktive Zuhören, das Zeigen von Empathie und die Kommunikation auf Augenhöhe Schlüsselkomponenten. Auf gesellschaftlicher Ebene erfordert die Förderung von Respekt die Schaffung inklusiver Institutionen, die Vielfalt wertschätzen und soziale Gerechtigkeit fördern.

Insgesamt verdeutlicht die psychologische Analyse, dass der gegenseitige Respekt nicht nur eine soziale Höflichkeitsform ist, sondern einen tiefgreifenden Einfluss auf das individuelle Wohlbefinden, zwischenmenschliche Beziehungen, Arbeitsumgebungen und die Gesellschaft als Ganzes hat. Die psychologischen Grundlagen des Respekts zeigen, dass er auf einem fundierten Verständnis der menschlichen Würde, Empathie und Anerkennung der Vielfalt beruht. Die praktische Anwendung erfordert bewusste Bemühungen auf individueller und kollektiver Ebene, um eine Kultur des Respekts zu schaffen, die das Miteinander fördert und positive psychologische Auswirkungen auf das gesamte soziale Gefüge hat.

Selbstreflexion fördern

Die Förderung von Selbstreflexion ist ein bedeutender Aspekt der persönlichen Entwicklung, der tiefgreifende Auswirkungen auf das individuelle Wachstum, die zwischenmenschlichen Beziehungen, den beruflichen Erfolg und das allgemeine Wohlbefinden hat. In dieser umfassenden Zusammenfassung werden wir uns eingehend mit der Psychologie der Selbstreflexion auseinandersetzen, die Bedeutung, die Auswirkungen und die verschiedenen Facetten dieses Prozesses analysieren. Dabei werden wir die psychologischen Grundlagen der Selbstreflexion beleuchten, praktische Anwendungen untersuchen, mögliche Herausforderungen aufzeigen und Strategien zur Förderung der Selbstreflexion erforschen.

Psychologisch betrachtet basiert die Selbstreflexion auf der Fähigkeit, das eigene Denken, Fühlen und Handeln bewusst zu betrachten und zu analysieren. Dieser Prozess geht über oberflächliche Betrachtungen hinaus und ermöglicht es, tiefere Einsichten in die eigenen Überzeugungen, Werte und Motivationen zu gewinnen. Die psychologischen Grundlagen der Selbstreflexion sind in kognitiven Prozessen wie Metakognition, emotionalem Bewusstsein und dem Streben nach persönlichem Wachstum verwurzelt.

Metakognition ist ein wesentlicher Bestandteil der psychologischen Grundlagen der Selbstreflexion. Sie bezieht sich auf die Fähigkeit, über die eigenen Denkprozesse nachzudenken und sie zu regulieren. Psychologisch betrachtet ermöglicht Metakognition die bewusste Kontrolle über kognitive Funktionen wie Wahrnehmung, Aufmerksamkeit und Gedächtnis. In der Selbstreflexion kommt Metakognition zum Tragen, wenn Menschen ihre Denkmuster, Vorurteile und Annahmen kritisch hinterfragen.

Das emotionale Bewusstsein ist ein weiterer bedeutender Aspekt der psychologischen Grundlagen der Selbstreflexion. Es bezieht sich auf die Fähigkeit, eigene Emotionen zu erkennen, zu verstehen und angemessen darauf zu reagieren. Psychologisch betrachtet ermöglicht das emotionale Bewusstsein eine tiefere Verbindung mit den eigenen Gefühlen und eine bewusste Auseinandersetzung mit den emotionalen Auslösern. In der Selbstreflexion spielen Emotionen eine zentrale Rolle, da sie Hinweise auf persönliche Werte, Bedürfnisse und Überzeugungen geben.

Das Streben nach persönlichem Wachstum ist ein treibender psychologischer Faktor, der die Selbstreflexion antreibt. Menschen haben eine inhärente Neigung zur Selbstvervollkommnung und zur Verwirklichung ihres vollen Potenzials. Psychologisch betrachtet motiviert das Streben nach persönlichem Wachstum die Auseinandersetzung mit eigenen Stärken, Schwächen und Entwicklungsbereichen. In der Selbstreflexion wird dieses Streben durch die Suche nach Möglichkeiten zur Weiterentwicklung und Verbesserung geleitet.

Die Bedeutung der Selbstreflexion erstreckt sich über verschiedene Lebensbereiche. In der persönlichen Entwicklung spielt sie eine entscheidende Rolle bei der Schaffung eines authentischen Selbstverständnisses. Psychologisch betrachtet ermöglicht die Selbstreflexion eine klare Identifizierung persönlicher Werte, Ziele und Überzeugungen. Dies bildet die Grundlage für fundierte Entscheidungen, effektive Zielsetzung und das Erreichen von Lebenszufriedenheit.

In zwischenmenschlichen Beziehungen ist die Selbstreflexion ein Schlüsselfaktor für effektive Kommunikation und Konfliktlösung. Psychologisch betrachtet ermöglicht die Selbstreflexion eine bessere Verständigung über die eigenen Bedürfnisse und die Anerkennung unterschiedlicher Perspektiven. Dies fördert Empathie, Respekt und die Fähigkeit, konstruktiv mit Meinungsverschiedenheiten umzugehen.

Am Arbeitsplatz spielt die Selbstreflexion eine entscheidende Rolle in der beruflichen Entwicklung und im Management von Aufgaben. Psychologisch betrachtet ermöglicht die Selbstreflexion eine kritische Bewertung der eigenen beruflichen Fähigkeiten, die

Identifizierung von Entwicklungsbedarf und die Förderung von beruflichem Wachstum. In Führungspositionen trägt die Selbstreflexion zur Entwicklung von emotionaler Intelligenz, effektiver Entscheidungsfindung und inspirierender Führung bei.

Die psychologische Perspektive auf die Selbstreflexion zeigt, dass dieser Prozess nicht zwangsläufig einfach oder bequem ist. Es können verschiedene Herausforderungen auftreten, die den Selbstreflexionsprozess beeinträchtigen. Psychologisch betrachtet können persönliche Abwehrmechanismen, die Angst vor Selbstkonfrontation und ein Mangel an emotionaler Intelligenz Hindernisse darstellen. Das Bewusstsein für diese Herausforderungen ist entscheidend, um gezielte Maßnahmen zur Überwindung zu ergreifen.

Die praktische Anwendung der Selbstreflexion erfordert eine aktive und bewusste Herangehensweise. Psychologisch betrachtet können Techniken wie das Führen eines Tagebuchs, das regelmäßige Innehalten und das Stellen gezielter Fragen den Selbstreflexionsprozess unterstützen. Die Bereitschaft zur Offenheit gegenüber Rückmeldungen von anderen und zur Annahme von Verantwortung für das eigene Handeln sind ebenfalls zentrale Elemente der Selbstreflexion.

Strategien zur Förderung der Selbstreflexion können auf individueller, organisatorischer und gesellschaftlicher Ebene ansetzen. Psychologisch betrachtet ist die Förderung von Selbstreflexion ein lebenslanger Prozess, der kontinuierliche Anstrengungen erfordert. Auf organisatorischer Ebene können Unternehmen eine Kultur der Reflexion fördern, in der Mitarbeiter ermutigt werden, über ihre Arbeit nachzudenken und sich weiterzuentwickeln. Auf gesellschaftlicher Ebene kann Bildung eine entscheidende Rolle spielen, indem sie die Bedeutung von Selbstreflexion vermittelt und unterstützt.

Insgesamt verdeutlicht die psychologische Analyse, dass die Selbstreflexion nicht nur ein introspektiver Akt ist, sondern einen tiefgreifenden Einfluss auf verschiedene Lebensbereiche hat. Die psychologischen Grundlagen der Selbstreflexion, darunter Metakognition, emotionales Bewusstsein und das Streben nach persönlichem Wachstum, zeigen, dass sie in der menschlichen Natur verwurzelt ist. Die praktische Anwendung erfordert bewusste Bemühungen auf individueller und kollektiver Ebene, um eine Kultur der Selbstreflexion zu schaffen, die persönliches Wachstum, zwischenmenschliche Beziehungen, beruflichen Erfolg und Wohlbefinden fördert.

Gemeinsames Lernen betonen

Die Betonung des gemeinsamen Lernens ist ein Schlüsselfaktor in Bildungssystemen, Organisationen und Gemeinschaften. In dieser umfassenden Zusammenfassung werden wir uns eingehend mit der Psychologie des gemeinsamen Lernens auseinandersetzen, die Bedeutung, die Auswirkungen und die verschiedenen Facetten dieses Ansatzes analysieren. Dabei werden wir die psychologischen Grundlagen des gemeinsamen Lernens beleuchten, praktische Anwendungen untersuchen, mögliche Herausforderungen aufzeigen und Strategien zur Förderung des gemeinsamen Lernens erforschen.

Psychologisch betrachtet basiert das gemeinsame Lernen auf der Idee, dass der soziale Kontext eine bedeutende Rolle bei der Wissensaneignung und -entwicklung spielt. Die psychologischen Grundlagen des gemeinsamen Lernens sind in kognitiven, sozialen und konstruktivistischen Theorien verwurzelt, die die Interaktion zwischen Individuen und ihre gemeinsame Konstruktion von Wissen betonen.

In kognitiven Theorien wird betont, dass der Lernprozess nicht nur auf individuellen mentalen Operationen beruht, sondern auch stark von sozialen Interaktionen beeinflusst wird. Psychologisch betrachtet ermöglicht der Austausch von Ideen, Diskussionen und kollaboratives Problemlösen eine tiefere Verarbeitung von Informationen und eine bessere Behaltensleistung. Die psychologischen Grundlagen des gemeinsamen Lernens unterstreichen die Rolle sozialer Kognition, die auf der Annahme basiert, dass Menschen ihr Verständnis durch soziale Interaktionen und den Austausch von Perspektiven erweitern.

Soziale Theorien des Lernens betonen die Bedeutung sozialer Strukturen, Gruppenzugehörigkeit und zwischenmenschlicher Kommunikation. Psychologisch betrachtet fördert das gemeinsame Lernen eine positive Gruppendynamik, in der Mitglieder sich gegenseitig motivieren, unterstützen und voneinander lernen. Die psychologischen Grundlagen des gemeinsamen Lernens in sozialen Theorien zeigen, dass die Interaktion mit Peers nicht nur das Wissen erweitert, sondern auch soziale Fähigkeiten, Empathie und Teamarbeit fördert.

Konstruktivistische Theorien argumentieren, dass Wissen nicht passiv aufgenommen wird, sondern aktiv vom Lernenden konstruiert wird. Psychologisch betrachtet bietet das gemeinsame Lernen Möglichkeiten für kooperative Wissenskonstruktion, bei der die Mitglieder einer Gruppe gemeinsam Ideen entwickeln, Theorien hinterfragen und ihr Verständnis aktiv gestalten. Die psychologischen Grundlagen des gemeinsamen Lernens im konstruktivistischen Ansatz zeigen, dass diese aktive Beteiligung die kognitive Flexibilität fördert und ein tieferes Verständnis ermöglicht.

Die Bedeutung des gemeinsamen Lernens erstreckt sich über verschiedene Bildungsbereiche. In der schulischen Ausbildung ermöglicht es eine interaktive und kooperative Lernumgebung. Psychologisch betrachtet fördert das gemeinsame Lernen eine positive Einstellung zum Lernen, da es soziale Verbindungen, Motivation und die Möglichkeit zur aktiven Beteiligung bietet. Die psychologische Wirkung des gemeinsamen Lernens in Bildungseinrichtungen erstreckt sich über die akademische Leistung hinaus und trägt zur sozialen und emotionalen Entwicklung der Lernenden bei.

Im beruflichen Umfeld spielt das gemeinsame Lernen eine entscheidende Rolle bei der Entwicklung von Teams, der Förderung von Innovation und der Anpassungsfähigkeit an sich wandelnde Arbeitsanforderungen. Psychologisch betrachtet schafft das gemeinsame Lernen eine positive Arbeitsatmosphäre, in der Mitarbeiter voneinander lernen, ihre Fähigkeiten verbessern und gemeinsam an Problemlösungen arbeiten. Die psychologische Wirkung des gemeinsamen Lernens am Arbeitsplatz erstreckt sich über individuelle Karrieren hinaus und trägt zur organisatorischen Anpassungsfähigkeit bei.

In der Gemeinschaftsentwicklung spielt das gemeinsame Lernen eine Schlüsselrolle bei der Stärkung von sozialen Bindungen, dem Austausch von Ressourcen und der Förderung von kollektivem Wissen. Psychologisch betrachtet fördert das gemeinsame Lernen ein Gefühl der Zugehörigkeit und Identifikation mit einer Gemeinschaft. Die psychologische Wirkung des gemeinsamen Lernens in Gemeinschaften erstreckt sich über das Wissensmanagement hinaus und stärkt das soziale Gefüge.

Die psychologischen Grundlagen des gemeinsamen Lernens zeigen, dass die Qualität der Interaktionen und die Struktur der Lernumgebung entscheidend sind. Psychologisch betrachtet sind bestimmte Faktoren, wie Gruppenzusammensetzung, Führung, Kommunikation und die Förderung eines positiven Lernklimas, entscheidend für den Erfolg des gemeinsamen Lernens. Das Bewusstsein für mögliche Herausforderungen, wie unterschiedliche Lernstile, Interessenskonflikte und Gruppendynamiken, ist entscheidend, um gezielte Strategien zur Überwindung zu entwickeln.

Strategien zur Förderung des gemeinsamen Lernens können auf verschiedenen Ebenen ansetzen. Psychologisch betrachtet ist die Schaffung einer unterstützenden Lernumgebung entscheidend. Dies umfasst klare Ziele, eine positive Gruppendynamik, klare Kommunikation und die Möglichkeit für jeden Lernenden, aktiv beizutragen. Die Integration von Technologie kann auch das gemeinsame Lernen erleichtern, indem sie den Zugang zu Ressourcen erleichtert und die Interaktion fördert.

Die psychologische Perspektive auf das gemeinsame Lernen zeigt, dass dieser Ansatz nicht nur pädagogisch sinnvoll ist, sondern auch tiefgreifende Auswirkungen auf die persönliche Entwicklung, die zwischenmenschlichen Beziehungen, den beruflichen Erfolg und die Gemeinschaftsbindung hat. Die psychologischen Grundlagen des gemeinsamen Lernens, basierend auf kognitiven, sozialen und konstruktivistischen Theorien, zeigen, dass dieser Ansatz auf einer fundierten psychologischen Basis beruht. Die praktische

Anwendung erfordert bewusste Bemühungen auf individueller, organisatorischer und gesellschaftlicher Ebene, um eine Kultur des gemeinsamen Lernens zu schaffen, die das kollektive Wissen und die soziale Integration fördert.

Flexibilität zeigen

Die Fähigkeit, Flexibilität zu zeigen, ist in der heutigen schnelllebigen Welt zu einer entscheidenden Kompetenz geworden. In dieser umfassenden Zusammenfassung werden wir uns eingehend mit der Psychologie der Flexibilität auseinandersetzen, die Bedeutung, die Auswirkungen und die verschiedenen Facetten dieser Eigenschaft analysieren. Dabei werden wir die psychologischen Grundlagen der Flexibilität beleuchten, praktische Anwendungen untersuchen, mögliche Herausforderungen aufzeigen und Strategien zur Förderung der Flexibilität erforschen.

Psychologisch betrachtet basiert die Flexibilität auf der Fähigkeit, sich an veränderte Umstände anzupassen, neue Perspektiven einzunehmen und effektiv auf unterschiedliche Situationen zu reagieren. Die psychologischen Grundlagen der Flexibilität sind in kognitiven, emotionalen und Verhaltensprozessen verwurzelt, die es ermöglichen, sich an Unsicherheiten anzupassen und mit Herausforderungen konstruktiv umzugehen.

In kognitiver Hinsicht bezieht sich Flexibilität auf die Fähigkeit, Denkmuster zu verändern, verschiedene Perspektiven einzunehmen und kreativ auf komplexe Probleme zu reagieren. Psychologisch betrachtet ermöglicht eine flexible kognitive Struktur eine effiziente Informationsverarbeitung und die Anpassung an neue Anforderungen. Die psychologischen Grundlagen der Flexibilität im Denken sind in kognitiven Prozessen wie kognitiver Anpassungsfähigkeit, kreativem Denken und Perspektivwechseln verankert.

Emotional betrachtet bezieht sich Flexibilität auf die Fähigkeit, emotionale Reaktionen zu regulieren, sich auf verschiedene emotionale Zustände einzustellen und mit emotional herausfordernden Situationen umzugehen. Psychologisch betrachtet ermöglicht eine flexible emotionale Regulation eine adaptive Bewältigung von Stress, Unsicherheit und emotionalen Herausforderungen. Die psychologischen Grundlagen der Flexibilität in der Emotionsregulation sind in emotionaler Intelligenz,

Resilienz und der Fähigkeit zur Akzeptanz von Veränderungen verankert.

Verhaltensmäßig betrachtet bezieht sich Flexibilität auf die Anpassung des Verhaltens an verschiedene Kontexte, die Bereitschaft zur Veränderung und die Fähigkeit, unterschiedliche Handlungsstrategien anzuwenden. Psychologisch betrachtet ermöglicht eine flexible Verhaltensstruktur eine effektive Interaktion mit der Umwelt und die Bewältigung von Herausforderungen in verschiedenen Lebensbereichen. Die psychologischen Grundlagen der Flexibilität im Verhalten sind in der Selbstregulierung, der Fähigkeit zur Anpassung und der Offenheit für neue Erfahrungen verankert.

Die Bedeutung der Flexibilität erstreckt sich über verschiedene Lebensbereiche. In beruflicher Hinsicht ermöglicht Flexibilität die Anpassung an sich verändernde Arbeitsanforderungen, die Förderung von Innovation und die Entwicklung von Führungskompetenzen. Psychologisch betrachtet trägt flexible Arbeitsanpassung dazu bei, den beruflichen Erfolg zu fördern und die Zufriedenheit am Arbeitsplatz zu steigern. Die psychologische Wirkung der Flexibilität im beruflichen Kontext erstreckt sich über individuelle Karrieren hinaus und beeinflusst die Organisationsanpassungsfähigkeit.

In zwischenmenschlichen Beziehungen ist Flexibilität ein Schlüssel zur erfolgreichen Kommunikation, Konfliktlösung und Aufrechterhaltung gesunder Beziehungen. Psychologisch betrachtet ermöglicht flexible zwischenmenschliche Anpassung eine bessere Verständigung, Empathie und die Fähigkeit, auf die Bedürfnisse anderer einzugehen. Die psychologische Wirkung der Flexibilität in zwischenmenschlichen Beziehungen erstreckt sich über persönliche Bindungen hinaus und beeinflusst soziale Netzwerke und Gemeinschaftsstrukturen.

Im persönlichen Bereich trägt Flexibilität zur Anpassungsfähigkeit an Lebensveränderungen bei, fördert die Resilienz und unterstützt die individuelle psychische Gesundheit. Psychologisch betrachtet ermöglicht eine flexible Lebenshaltung die Bewältigung von Lebensübergängen, die Anpassung an neue Lebensumstände und die Förderung des Wohlbefindens. Die psychologische Wirkung der Flexibilität im persönlichen Kontext erstreckt sich über individuelle Lebensqualität hinaus und beeinflusst das allgemeine Lebensglück.

Die psychologischen Grundlagen der Flexibilität zeigen, dass individuelle Unterschiede in der Fähigkeit zur Anpassung auf verschiedenen Ebenen liegen können. Psychologisch betrachtet können Persönlichkeitsmerkmale, frühere Erfahrungen und die Entwicklung von Bewältigungsstrategien die Flexibilität beeinflussen. Das Bewusstsein für mögliche Herausforderungen, wie Widerstand gegen Veränderungen, mangelnde Toleranz für Unsicherheiten und die Neigung zur Starre im Denken, ist entscheidend, um gezielte Strategien zur Förderung der Flexibilität zu entwickeln.

Strategien zur Förderung der Flexibilität können auf individueller, organisatorischer und gesellschaftlicher Ebene ansetzen. Psychologisch betrachtet erfordert die Förderung der Flexibilität auf individueller Ebene die Entwicklung von Selbstbewusstsein, die Bereitschaft zur Selbstreflexion und die gezielte Arbeit an kognitiven, emotionalen und verhaltensbezogenen Anpassungsfähigkeiten. Auf organisatorischer Ebene können Unternehmen eine Kultur der Flexibilität fördern, in der Mitarbeiter ermutigt werden, kreativ zu denken, Veränderungen zu akzeptieren und innovative Lösungen zu entwickeln. Auf gesellschaftlicher Ebene kann Bildung eine entscheidende Rolle spielen, indem sie die Bedeutung von Flexibilität vermittelt und die Entwicklung von Anpassungsfähigkeiten unterstützt.

Insgesamt verdeutlicht die psychologische Analyse, dass die Fähigkeit zur Flexibilität nicht nur eine persönliche Eigenschaft ist, sondern tiefgreifende Auswirkungen auf verschiedene Lebensbereiche hat. Die psychologischen Grundlagen der Flexibilität, basierend auf kognitiven, emotionalen und verhaltensbezogenen Prozessen, zeigen, dass Flexibilität auf einer fundierten psychologischen Basis beruht. Die praktische Anwendung erfordert bewusste Bemühungen auf individueller, organisatorischer und gesellschaftlicher Ebene, um eine Kultur der Flexibilität zu schaffen, die persönliches Wachstum, beruflichen Erfolg, zwischenmenschliche Beziehungen und gesellschaftliche Anpassungsfähigkeit fördert.

Gemeinsamen Erfolg hervorheben

Das Hervorheben des gemeinsamen Erfolgs ist ein wesentlicher Aspekt in verschiedenen Lebensbereichen, sei es in beruflichen Kontexten, zwischenmenschlichen Beziehungen oder gesellschaftlichen Strukturen. In dieser ausführlichen Zusammenfassung werden wir die Psychologie hinter dem Betonen des gemeinsamen Erfolgs erkunden, die Bedeutung und Auswirkungen dieser Praxis analysieren und verschiedene Facetten dieses Ansatzes untersuchen. Dabei werden wir die psychologischen Grundlagen des Hervorhebens des gemeinsamen Erfolgs beleuchten, praktische Anwendungen erforschen, mögliche Herausforderungen aufzeigen und Strategien zur Förderung dieses Ansatzes erkunden.

Psychologisch betrachtet basiert das Hervorheben des gemeinsamen Erfolgs auf der Idee, dass der Fokus auf kollektiven Leistungen und geteilten Erfolgen positive Auswirkungen auf die Motivation, die Zufriedenheit und die Zusammenarbeit haben kann. Die psychologischen Grundlagen dieses Ansatzes sind in sozialen, motivationalen und emotionalen Prozessen verwurzelt, die das Individuum mit der Gruppe verbinden und den Sinn für Gemeinschaft und Zusammengehörigkeit stärken.

Sozial betrachtet bezieht sich das Hervorheben des gemeinsamen Erfolgs auf die Stärkung sozialer Bindungen, die Förderung von Teamgeist und die Schaffung einer gemeinsamen Identität. Psychologisch betrachtet ermöglicht der Fokus auf gemeinsamen Erfolg eine positive Gruppendynamik, in der Mitglieder sich als Teil eines größeren Ganzen fühlen und ihre individuellen Beiträge als integralen Bestandteil des kollektiven Erfolgs betrachten. Die psychologischen Grundlagen des Hervorhebens des gemeinsamen Erfolgs in sozialen Kontexten sind in sozialer Identität, Gruppenzusammenhalt und dem Streben nach sozialer Anerkennung verwurzelt.

Motivational betrachtet spielt das Hervorheben des gemeinsamen Erfolgs eine entscheidende Rolle bei der Förderung von

Engagement, Selbstwirksamkeit und intrinsischer Motivation. Psychologisch betrachtet trägt die Betonung von gemeinsamen Erfolgen dazu bei, individuelle Ziele mit den Zielen der Gruppe in Einklang zu bringen, was wiederum die Motivation steigert. Die psychologischen Grundlagen des Hervorhebens des gemeinsamen Erfolgs in motivationaler Hinsicht sind in der Selbstbestimmungstheorie, der Theorie der sozialen Vergleichsprozesse und der Erweiterung des Selbstkonzepts durch Gruppenleistungen verankert.

Emotional betrachtet fördert das Hervorheben des gemeinsamen Erfolgs positive emotionale Reaktionen wie Stolz, Freude und Zufriedenheit. Psychologisch betrachtet schafft die Betonung von gemeinsamen Erfolgen eine unterstützende emotionale Atmosphäre, die das Wohlbefinden stärkt und die individuelle psychische Gesundheit fördert. Die psychologischen Grundlagen des Hervorhebens des gemeinsamen Erfolgs in emotionaler Hinsicht sind in emotionaler Intelligenz, Empathie und der Freude an geteilten Erfolgen verankert.

Die Bedeutung des Hervorhebens des gemeinsamen Erfolgs erstreckt sich über verschiedene Lebensbereiche. In beruflichen Kontexten fördert dieser Ansatz eine positive Unternehmenskultur, stärkt die Mitarbeiterbindung und trägt zur Schaffung einer produktiven Arbeitsumgebung bei. Psychologisch betrachtet schafft das Hervorheben des gemeinsamen Erfolgs eine positive Arbeitsatmosphäre, in der Mitarbeiter sich als Teil eines erfolgreichen Teams fühlen und ihre Arbeit als bedeutungsvollen Beitrag zum Gesamterfolg betrachten. Die psychologische Wirkung des Hervorhebens des gemeinsamen Erfolgs im beruflichen Kontext erstreckt sich über individuelle Leistungsbewertungen hinaus und beeinflusst die kollektive Arbeitsmoral.

In zwischenmenschlichen Beziehungen spielt das Hervorheben des gemeinsamen Erfolgs eine Rolle bei der Stärkung von Bindungen, dem Aufbau von Vertrauen und der Förderung von Synergie. Psychologisch betrachtet schafft der Fokus auf geteilten Erfolgen eine Verbindung zwischen Individuen, die ihre Leistungen gemeinsam schätzen und ihre Beziehungen durch positive Erfahrungen stärken. Die psychologische Wirkung des Hervorhebens des gemeinsamen Erfolgs in zwischenmenschlichen Beziehungen erstreckt sich über persönliche Verbindungen hinaus und beeinflusst soziale Netzwerke und Gemeinschaftsstrukturen.

In gesellschaftlichen Kontexten trägt das Hervorheben des gemeinsamen Erfolgs zur Stärkung von sozialen Bindungen, dem Aufbau von Gemeinschaftsgefühl und dem Schaffen eines positiven gesellschaftlichen Zusammenhalts bei. Psychologisch betrachtet fördert der Fokus auf kollektiven Erfolgen ein Gefühl der Zugehörigkeit und der gemeinsamen Verantwortung, was wiederum das soziale Wohlbefinden und die Zusammenarbeit auf gesellschaftlicher Ebene stärkt. Die psychologische Wirkung des Hervorhebens des gemeinsamen Erfolgs in gesellschaftlichen Kontexten erstreckt sich über individuelle Bemühungen hinaus und beeinflusst die gesellschaftliche Kohäsion.

Im persönlichen Bereich trägt das Hervorheben des gemeinsamen Erfolgs zur Stärkung des Selbstwertgefühls, der persönlichen Zufriedenheit und der Förderung des Wohlbefindens bei. Psychologisch betrachtet schafft der Fokus auf gemeinsamen Erfolg eine positive Selbstwahrnehmung, da individuelle Leistungen im Kontext von geteilten Erfolgen betrachtet werden. Die psychologische Wirkung des Hervorhebens des gemeinsamen Erfolgs im persönlichen Kontext erstreckt sich über individuelle Erfolge hinaus und beeinflusst das persönliche Glück.

Die psychologischen Grundlagen des Hervorhebens des gemeinsamen Erfolgs zeigen, dass dieser Ansatz auf verschiedenen Ebenen positive Auswirkungen haben kann. Psychologisch betrachtet können individuelle Unterschiede in der Wahrnehmung von Erfolg, der Bereitschaft zur Zusammenarbeit und der Fähigkeit, gemeinsame Erfolge zu schätzen, die Effektivität dieses Ansatzes beeinflussen. Das Bewusstsein für mögliche Herausforderungen, wie individuelle Egozentrik, mangelnde

Anerkennung von Beitragenden und Widerstand gegen den Verlust von Autonomie, ist entscheidend, um gezielte Strategien zur Förderung des Hervorhebens des gemeinsamen Erfolgs zu entwickeln.

Strategien zur Förderung des Hervorhebens des gemeinsamen Erfolgs können auf individueller, organisatorischer und gesellschaftlicher Ebene ansetzen. Psychologisch betrachtet erfordert die Förderung des Hervorhebens des gemeinsamen Erfolgs auf individueller Ebene die Entwicklung von Achtsamkeit, die Bereitschaft zur Empathie und die gezielte Anerkennung von gemeinsamen Leistungen. Auf organisatorischer Ebene können Unternehmen eine Kultur des geteilten Erfolgs fördern, in der Mitarbeiter ermutigt werden, gemeinsame Ziele zu verfolgen, Wertschätzung zu zeigen und kollektive Erfolge zu feiern. Auf gesellschaftlicher Ebene kann Bildung eine entscheidende Rolle spielen, indem sie die Bedeutung von Zusammenarbeit vermittelt und die Entwicklung von sozialer Kompetenz unterstützt.

Insgesamt verdeutlicht die psychologische Analyse, dass das Hervorheben des gemeinsamen Erfolgs nicht nur eine soziale Konvention ist, sondern tiefgreifende Auswirkungen auf verschiedene Lebensbereiche hat. Die psychologischen Grundlagen des Hervorhebens des gemeinsamen Erfolgs, basierend auf sozialen, motivationalen und emotionalen Prozessen, zeigen, dass dieser Ansatz auf einer fundierten psychologischen Basis beruht. Die praktische Anwendung erfordert bewusste Bemühungen auf individueller, organisatorischer und gesellschaftlicher Ebene, um eine Kultur des geteilten Erfolgs zu schaffen, die persönliches Wachstum, beruflichen Erfolg, zwischenmenschliche Beziehungen und gesellschaftliche Zusammenarbeit fördert.

Selbstbestimmung respektieren

Die Achtung der Selbstbestimmung ist ein zentrales Prinzip in verschiedenen Kontexten des menschlichen Lebens, von persönlichen Beziehungen bis hin zu institutionellen Strukturen. In dieser umfassenden Zusammenfassung werden wir die Psychologie hinter der Achtung der Selbstbestimmung erforschen, die Bedeutung und Auswirkungen dieses Prinzips analysieren und verschiedene Facetten dieser Praxis untersuchen. Dabei werden wir die psychologischen Grundlagen der Achtung der Selbstbestimmung beleuchten, praktische Anwendungen erforschen, mögliche Herausforderungen aufzeigen und Strategien zur Förderung dieses Prinzips erkunden.

Psychologisch betrachtet basiert die Achtung der Selbstbestimmung auf der Anerkennung der individuellen Autonomie, der Freiheit zur eigenen Entscheidungsfindung und der Fähigkeit, das eigene Leben zu gestalten. Die psychologischen Grundlagen dieses Prinzips sind in kognitiven, emotionalen und verhaltensbezogenen Prozessen verwurzelt, die die Selbstwahrnehmung, die emotionale Resonanz und das Verhalten in verschiedenen Kontexten beeinflussen.

Kognitiv betrachtet bezieht sich die Achtung der Selbstbestimmung auf die Wertschätzung der individuellen Denkprozesse, die Fähigkeit zur eigenen Meinungsbildung und die Autonomie in Entscheidungsfragen. Psychologisch betrachtet ermöglicht die Achtung der Selbstbestimmung die Entwicklung eines starken Selbstkonzepts, das auf persönlichen Überzeugungen, Werten und Zielen basiert. Die psychologischen Grundlagen der Achtung der Selbstbestimmung in kognitiver Hinsicht sind in kognitiver Autonomie, Selbstwirksamkeit und der Fähigkeit zur Selbstreflexion verankert.

Emotional betrachtet bezieht sich die Achtung der Selbstbestimmung auf die Berücksichtigung der individuellen Gefühle, Bedürfnisse und emotionalen Reaktionen. Psychologisch betrachtet ermöglicht die Achtung der Selbstbestimmung eine unterstützende emotionale Umgebung, die die psychische Gesundheit, das Wohlbefinden und die zwischenmenschlichen Beziehungen fördert. Die psychologischen Grundlagen der Achtung der Selbstbestimmung in emotionaler Hinsicht sind in emotionaler Intelligenz, Empathie und der Fähigkeit zur Akzeptanz von Vielfalt verankert.

Verhaltensmäßig betrachtet bezieht sich die Achtung der Selbstbestimmung auf die Anerkennung individueller Handlungsfreiheit, die Förderung von Eigenverantwortung und die Schaffung eines Umfelds, das persönliche Entscheidungen respektiert. Psychologisch betrachtet ermöglicht die Achtung der Selbstbestimmung die Entwicklung eines Verhaltensrepertoires, das auf eigenständiger Entscheidungsfindung und persönlicher Verantwortung basiert. Die psychologischen Grundlagen der Achtung der Selbstbestimmung im Verhalten sind in Selbstregulierung, Autonomieunterstützung und der Förderung von Eigeninitiative verankert.

Die Bedeutung der Achtung der Selbstbestimmung erstreckt sich über verschiedene Lebensbereiche. In persönlichen Beziehungen fördert dieses Prinzip eine positive Kommunikation, den Aufbau von Vertrauen und die Entwicklung gesunder Bindungen. Psychologisch betrachtet ermöglicht die Achtung der Selbstbestimmung in zwischenmenschlichen Beziehungen eine respektvolle Interaktion, bei der individuelle Bedürfnisse und Entscheidungen wertgeschätzt werden. Die psychologische Wirkung der Achtung der Selbstbestimmung in persönlichen Beziehungen erstreckt sich über romantische Partnerschaften hinaus und beeinflusst familiäre Bindungen, Freundschaften und soziale Netzwerke.

In beruflichen Kontexten trägt die Achtung der Selbstbestimmung zur Mitarbeiterzufriedenheit, zur Förderung von Kreativität und Innovation und zur Schaffung einer positiven Arbeitskultur bei. Psychologisch betrachtet ermöglicht die Achtung der Selbstbestimmung am Arbeitsplatz eine engagierte Mitarbeit, da Mitarbeiter sich in ihren Entscheidungen unterstützt und respektiert fühlen. Die psychologische Wirkung der Achtung der Selbstbestimmung im beruflichen Kontext erstreckt sich über individuelle Leistungsbewertungen hinaus und beeinflusst die organisatorische Anpassungsfähigkeit.

In institutionellen Strukturen, wie Bildungseinrichtungen oder Gesundheitssystemen, trägt die Achtung der Selbstbestimmung zur Förderung individueller Potenziale, zur Respektierung von Diversität und zur Schaffung einer inklusiven Umgebung bei. Psychologisch betrachtet ermöglicht die Achtung der Selbstbestimmung in institutionellen Kontexten eine positive Entwicklung von Individuen, da ihre Autonomie und Entscheidungsfreiheit gewahrt bleiben. Die psychologische Wirkung der Achtung der Selbstbestimmung in institutionellen Strukturen erstreckt sich über individuelle Erfahrungen hinaus und beeinflusst die gesellschaftliche Partizipation.

In gesellschaftlichen Kontexten fördert die Achtung der Selbstbestimmung die Anerkennung von Vielfalt, den Schutz individueller Rechte und die Stärkung der demokratischen Prinzipien. Psychologisch betrachtet ermöglicht die Achtung der Selbstbestimmung in gesellschaftlichen Kontexten eine aktive Beteiligung der Bürger, da ihre Meinungen und Entscheidungen respektiert werden. Die psychologische Wirkung der Achtung der Selbstbestimmung in gesellschaftlichen Strukturen erstreckt sich über individuelle Beteiligung hinaus und beeinflusst die gesellschaftliche Gerechtigkeit.

Im persönlichen Bereich trägt die Achtung der Selbstbestimmung zur Förderung des Selbstwertgefühls, zur Steigerung der Selbstwirksamkeit und zur Entwicklung einer positiven Selbstwahrnehmung bei. Psychologisch betrachtet ermöglicht die Achtung der Selbstbestimmung auf persönlicher Ebene eine gesunde Selbstregulierung, bei der individuelle Entscheidungen im Einklang mit persönlichen Werten getroffen werden. Die psychologische Wirkung der Achtung der Selbstbestimmung im persönlichen Kontext erstreckt sich über individuelle Entwicklung hinaus und beeinflusst das persönliche Wohlbefinden.

Die psychologischen Grundlagen der Achtung der Selbstbestimmung zeigen, dass dieses Prinzip auf verschiedenen Ebenen positive Auswirkungen haben kann. Psychologisch betrachtet können individuelle Unterschiede in der Wahrnehmung von Autonomie, der Bereitschaft zur Selbstreflexion und der Fähigkeit zur Entscheidungsfindung die Effektivität dieses Prinzips beeinflussen. Das Bewusstsein für mögliche Herausforderungen, wie externe Druckfaktoren, mangelnde Ressourcen für selbstbestimmte Entscheidungen und kulturelle Unterschiede in der Wertschätzung von Autonomie, ist entscheidend, um gezielte Strategien zur Förderung der Achtung der Selbstbestimmung zu entwickeln.

Strategien zur Förderung der Achtung der Selbstbestimmung können auf individueller, organisatorischer und gesellschaftlicher Ebene ansetzen. Psychologisch betrachtet erfordert die Förderung der Achtung der Selbstbestimmung auf individueller Ebene die Entwicklung von Selbstreflexion, die Stärkung von Selbstwirksamkeit und die Förderung von Entscheidungskompetenz. Auf organisatorischer Ebene können Institutionen eine Kultur der Selbstbestimmung fördern, die die Autonomie der Mitglieder respektiert, partizipative Entscheidungsprozesse unterstützt und die Vielfalt der individuellen Perspektiven anerkennt. Auf gesellschaftlicher Ebene kann Bildung eine entscheidende Rolle spielen, indem sie die Bedeutung von Autonomie vermittelt, die Anerkennung von Vielfalt fördert und die Entwicklung von kritischer Denkfähigkeit unterstützt.

Insgesamt verdeutlicht die psychologische Analyse, dass die Achtung der Selbstbestimmung nicht nur eine ethische Norm ist, sondern tiefgreifende Auswirkungen auf verschiedene Lebensbereiche hat. Die psychologischen Grundlagen der Achtung der Selbstbestimmung, basierend auf kognitiven, emotionalen und verhaltensbezogenen Prozessen, zeigen, dass dieses Prinzip auf einer fundierten psychologischen Basis beruht. Die praktische Anwendung erfordert bewusste Bemühungen auf individueller, organisatorischer und gesellschaftlicher Ebene, um eine Kultur der Selbstbestimmung zu schaffen, die persönliches Wachstum, zwischenmenschliche Beziehungen, beruflichen Erfolg und gesellschaftliche Autonomie fördert.

Gemeinsame Verantwortung teilen

Die Idee, gemeinsame Verantwortung zu teilen, ist von zentraler Bedeutung in vielen Aspekten des menschlichen Lebens, von persönlichen Beziehungen bis hin zu globalen Herausforderungen. In dieser umfassenden Zusammenfassung werden wir die Psychologie hinter dem Teilen gemeinsamer Verantwortung erkunden, die Bedeutung und Auswirkungen dieses Prinzips analysieren und verschiedene Aspekte dieser Praxis untersuchen. Dabei werden wir die psychologischen Grundlagen des Teilens gemeinsamer Verantwortung beleuchten, praktische Anwendungen erforschen, mögliche Herausforderungen aufzeigen und Strategien zur Förderung dieses Prinzips erkunden.

Psychologisch betrachtet basiert das Teilen gemeinsamer Verantwortung auf der Anerkennung der Kollektivität, der Bereitschaft zur Zusammenarbeit und dem Bewusstsein für die Auswirkungen individuellen Handelns auf die Gemeinschaft. Die psychologischen Grundlagen dieses Prinzips sind in sozialen, motivationalen und moralischen Prozessen verwurzelt, die die soziale Identität, die Motivation zur Kooperation und das moralische Empfinden beeinflussen.

Sozial betrachtet bezieht sich das Teilen gemeinsamer Verantwortung auf die Integration individueller Beiträge in das kollektive Wohl. Psychologisch betrachtet ermöglicht das Teilen gemeinsamer Verantwortung eine positive soziale Dynamik, in der Individuen sich als Teil eines größeren Ganzen sehen und ihre Handlungen auf das Gemeinwohl ausrichten. Die psychologischen Grundlagen des Teilens gemeinsamer Verantwortung in sozialer Hinsicht sind in der sozialen Identität, der Zugehörigkeit zu sozialen Gruppen und der Bereitschaft zur Zusammenarbeit verankert.

Motivational betrachtet bezieht sich das Teilen gemeinsamer Verantwortung auf die Mobilisierung von Anreizen, die individuelle Handlungen in Richtung gemeinsamer Ziele lenken. Psychologisch betrachtet ermöglicht das Teilen gemeinsamer Verantwortung eine erhöhte Motivation zur Zusammenarbeit, da Individuen einen intrinsischen Anreiz haben, zum kollektiven Erfolg beizutragen. Die psychologischen Grundlagen des Teilens gemeinsamer Verantwortung in motivationaler Hinsicht sind in intrinsischer Motivation, der Bedeutung von Zielen und dem Streben nach sozialer Anerkennung verankert.

Moralisch betrachtet bezieht sich das Teilen gemeinsamer Verantwortung auf die Integration von moralischen Prinzipien in kollektive Entscheidungsprozesse. Psychologisch betrachtet ermöglicht das Teilen gemeinsamer Verantwortung eine ethisch fundierte Handlungsweise, bei der individuelle Entscheidungen im Einklang mit moralischen Werten stehen. Die psychologischen Grundlagen des Teilens gemeinsamer Verantwortung in moralischer Hinsicht sind in moralischem Empfinden, ethischen Prinzipien und der Entwicklung von moralischer Verantwortung verankert.

Die Bedeutung des Teilens gemeinsamer Verantwortung erstreckt sich über verschiedene Lebensbereiche. In persönlichen Beziehungen fördert dieses Prinzip eine positive Partnerschaft, den Aufbau von Vertrauen und die Entwicklung von Resilienz gegenüber Herausforderungen. Psychologisch betrachtet ermöglicht das Teilen gemeinsamer Verantwortung in persönlichen Beziehungen eine gleichberechtigte Partnerschaft, in der Individuen sich gegenseitig unterstützen und gemeinsam für ihre Ziele arbeiten. Die psychologische Wirkung des Teilens gemeinsamer Verantwortung in persönlichen Beziehungen erstreckt sich über romantische Partnerschaften hinaus und beeinflusst familiäre Bindungen, Freundschaften und soziale Netzwerke.

In beruflichen Kontexten trägt das Teilen gemeinsamer Verantwortung zur Schaffung einer positiven Unternehmenskultur, zur Förderung von Teamarbeit und zur Erreichung organisatorischer Ziele bei. Psychologisch betrachtet ermöglicht das Teilen gemeinsamer Verantwortung am Arbeitsplatz eine engagierte Mitarbeit, da Mitarbeiter sich als integralen Bestandteil des Unternehmens sehen und ihre Beiträge zum gemeinsamen Erfolg erkennen. Die psychologische Wirkung des Teilens gemeinsamer

Verantwortung im beruflichen Kontext erstreckt sich über individuelle Leistungsbewertungen hinaus und beeinflusst die organisatorische Anpassungsfähigkeit.

In gesellschaftlichen Kontexten fördert das Teilen gemeinsamer Verantwortung die Beteiligung der Bürger an gesellschaftlichen Herausforderungen, die Stärkung demokratischer Prinzipien und die Entwicklung von sozialer Kohäsion. Psychologisch betrachtet ermöglicht das Teilen gemeinsamer Verantwortung in gesellschaftlichen Kontexten eine aktive Bürgerbeteiligung, da Menschen sich als Mitgestalter ihrer Gemeinschaft sehen und gemeinsam nach Lösungen suchen. Die psychologische Wirkung des Teilens gemeinsamer Verantwortung in gesellschaftlichen Strukturen erstreckt sich über individuelle Beteiligung hinaus und beeinflusst die gesellschaftliche Gerechtigkeit.

Im persönlichen Bereich trägt das Teilen gemeinsamer Verantwortung zur Förderung des Gemeinschaftssinns, zur Entwicklung von sozialer Kompetenz und zur Stärkung sozialer Bindungen bei. Psychologisch betrachtet ermöglicht das Teilen gemeinsamer Verantwortung auf persönlicher Ebene eine positive Integration in soziale Gruppen, da Individuen ihre Rolle in der Gemeinschaft wertschätzen und aktiv zur Verbesserung beitragen. Die psychologische Wirkung des Teilens gemeinsamer Verantwortung im persönlichen Kontext erstreckt sich über individuelle Erfahrungen hinaus und beeinflusst das soziale Wohlbefinden.

Die psychologischen Grundlagen des Teilens gemeinsamer Verantwortung zeigen, dass dieses Prinzip auf verschiedenen Ebenen positive Auswirkungen haben kann. Psychologisch betrachtet können individuelle Unterschiede in der Bereitschaft zur Zusammenarbeit, der Wahrnehmung von gemeinsamen Zielen und der Fähigkeit zur Empathie die Effektivität dieses Prinzips beeinflussen. Das Bewusstsein für mögliche Herausforderungen, wie individuelle Egozentrik, mangelnde Anerkennung von Beitragenden und Widerstand gegen den Verlust von Autonomie, ist entscheidend, um gezielte Strategien zur Förderung des Teilens gemeinsamer Verantwortung zu entwickeln.

Strategien zur Förderung des Teilens gemeinsamer Verantwortung können auf individueller, organisatorischer und gesellschaftlicher Ebene ansetzen. Psychologisch betrachtet erfordert die Förderung des Teilens gemeinsamer Verantwortung auf individueller Ebene die Entwicklung von Teamfähigkeit, die Stärkung von Empathie und die Förderung von kooperativem Verhalten. Auf organisatorischer Ebene können Institutionen eine Kultur des gemeinsamen Verantwortungsteilens fördern, die die Wertschätzung individueller Beiträge betont, partizipative Entscheidungsprozesse unterstützt und die Entwicklung von Teamgeist fördert. Auf gesellschaftlicher Ebene kann Bildung eine entscheidende Rolle spielen, indem sie die Bedeutung von Zusammenarbeit vermittelt, die Anerkennung von Vielfalt fördert und die Entwicklung von sozialer Kompetenz unterstützt.

Insgesamt verdeutlicht die psychologische Analyse, dass das Teilen gemeinsamer Verantwortung nicht nur ein ethisches Prinzip ist, sondern auch tiefgreifende Auswirkungen auf verschiedene Lebensbereiche hat. Die psychologischen Grundlagen des Teilens gemeinsamer Verantwortung, basierend auf sozialen, motivationalen und moralischen Prozessen, zeigen, dass dieses Prinzip auf einer fundierten psychologischen Basis beruht. Die praktische Anwendung erfordert bewusste Bemühungen auf individueller, organisatorischer und gesellschaftlicher Ebene, um eine Kultur des gemeinsamen Verantwortungsteilens zu schaffen, die persönliches Wachstum, zwischenmenschliche Beziehungen, beruflichen Erfolg und gesellschaftlichen Zusammenhalt fördert.

Positive Emotionen ansprechen

Die Fähigkeit, positive Emotionen anzusprechen, ist von entscheidender Bedeutung für das psychische Wohlbefinden, zwischenmenschliche Beziehungen und den Erfolg in verschiedenen Lebensbereichen. In dieser umfassenden Zusammenfassung werden wir die Psychologie hinter dem Ansprechen positiver Emotionen erforschen, die Bedeutung und Auswirkungen dieses Prinzips analysieren und verschiedene Aspekte dieser Praxis untersuchen. Dabei werden wir die psychologischen Grundlagen des Ansprechens positiver Emotionen beleuchten, praktische Anwendungen erforschen, mögliche Herausforderungen aufzeigen und Strategien zur Förderung dieses Prinzips erkunden.

Psychologisch betrachtet basiert das Ansprechen positiver Emotionen auf verschiedenen kognitiven, emotionalen und verhaltensbezogenen Prozessen. Die psychologischen Grundlagen dieses Prinzips sind in der Positiven Psychologie, der Emotionspsychologie und der Neurobiologie der Emotionen verwurzelt.

In der Positiven Psychologie, einem Zweig der Psychologie, der sich auf die Erforschung und Förderung von positiven Aspekten des menschlichen Lebens konzentriert, wird betont, dass das Ansprechen positiver Emotionen zu einem erfüllten und glücklichen Leben beiträgt. Psychologisch betrachtet fördert das regelmäßige Erleben positiver Emotionen nicht nur das aktuelle Wohlbefinden, sondern hat auch langfristige Auswirkungen auf die psychische Gesundheit und die Lebenszufriedenheit.

Emotional betrachtet sind positive Emotionen eine zentrale Komponente des menschlichen Erlebens. Psychologisch betrachtet tragen positive Emotionen dazu bei, die Stimmung zu heben, Stress abzubauen, die Resilienz gegenüber Herausforderungen zu stärken und soziale Bindungen zu fördern. Die psychologischen Grundlagen positiver Emotionen in der Emotionspsychologie sind in verschiedenen Theorien verwurzelt, darunter die Broaden-and-

Build-Theorie von Barbara Fredrickson, die betont, dass positive Emotionen das Denken und Handeln erweitern und zu langfristigen Ressourcen führen.

Verhaltensbetrachtet spielt das Ansprechen positiver Emotionen eine Rolle bei der Gestaltung individueller Handlungen und zwischenmenschlicher Interaktionen. Psychologisch betrachtet beeinflussen positive Emotionen das Verhalten, indem sie zu prosozialem Verhalten, Kreativität und einer offenen Haltung gegenüber neuen Erfahrungen führen. Die psychologischen Grundlagen des Ansprechens positiver Emotionen im Verhalten sind in Theorien über Motivation, Belohnung und zwischenmenschliche Beziehungen verankert.

Die Bedeutung des Ansprechens positiver Emotionen erstreckt sich über verschiedene Lebensbereiche. In persönlichen Beziehungen fördert dieses Prinzip eine positive Atmosphäre, den Aufbau von Vertrauen und die Entwicklung von intimen Bindungen. Psychologisch betrachtet ermöglicht das Ansprechen positiver Emotionen in persönlichen Beziehungen eine liebevolle und unterstützende Dynamik, da die positive Ausstrahlung und Freude der Individuen sich auf die gesamte Beziehung auswirken. Die psychologische Wirkung des Ansprechens positiver Emotionen in persönlichen Beziehungen erstreckt sich über romantische Partnerschaften hinaus und beeinflusst familiäre Bindungen, Freundschaften und soziale Netzwerke.

In beruflichen Kontexten trägt das Ansprechen positiver Emotionen zur Schaffung einer positiven Arbeitsumgebung, zur Förderung von Teamarbeit und zur Steigerung der Mitarbeitermotivation bei. Psychologisch betrachtet ermöglicht das Ansprechen positiver Emotionen am Arbeitsplatz eine erhöhte Arbeitszufriedenheit, eine gesteigerte Produktivität und eine verbesserte zwischenmenschliche Zusammenarbeit. Die psychologische Wirkung des Ansprechens positiver Emotionen im beruflichen Kontext erstreckt sich über individuelle Leistungsbewertungen hinaus und beeinflusst die organisatorische Anpassungsfähigkeit.

In gesellschaftlichen Kontexten fördert das Ansprechen positiver Emotionen die soziale Kohäsion, stärkt das Gemeinschaftsgefühl und trägt zur Schaffung einer positiven sozialen Atmosphäre bei. Psychologisch betrachtet ermöglicht das Ansprechen positiver Emotionen in gesellschaftlichen Kontexten eine optimistische Perspektive, eine erhöhte Bürgerbeteiligung und die Schaffung eines sozialen Umfelds, das das psychische Wohlbefinden fördert. Die psychologische Wirkung des Ansprechens positiver Emotionen in gesellschaftlichen Strukturen erstreckt sich über individuelle Beteiligung hinaus und beeinflusst die gesellschaftliche Gerechtigkeit.

Im persönlichen Bereich trägt das Ansprechen positiver Emotionen zur Förderung des persönlichen Wohlbefindens, zur Steigerung der Lebensfreude und zur Entwicklung von positiven Denkmustern bei. Psychologisch betrachtet ermöglicht das Ansprechen positiver Emotionen auf persönlicher Ebene eine positive Einstellung, eine erhöhte Resilienz gegenüber Stress und eine gesteigerte Lebenszufriedenheit. Die psychologische Wirkung des Ansprechens positiver Emotionen im persönlichen Kontext erstreckt sich über individuelle Erfahrungen hinaus und beeinflusst das emotionale Gleichgewicht, die Selbstakzeptanz und die Fähigkeit zur Bewältigung von Herausforderungen.

Die psychologischen Grundlagen des Ansprechens positiver Emotionen zeigen, dass dieses Prinzip auf verschiedenen Ebenen positive Auswirkungen haben kann. Psychologisch betrachtet können individuelle Unterschiede in der Fähigkeit, positive Emotionen zu erleben und auszudrücken, sowie externe Faktoren wie Umweltbedingungen und kulturelle Einflüsse die Effektivität dieses Prinzips beeinflussen. Das Bewusstsein für mögliche Herausforderungen, wie individuelle Unterschiede in der Resilienz gegenüber positiven Emotionen, die Vielfalt der emotionalen Ausdrucksweisen und die Notwendigkeit einer ausgewogenen Emotionalität, ist entscheidend, um gezielte Strategien zur Förderung des Ansprechens positiver Emotionen zu entwickeln.

Strategien zur Förderung des Ansprechens positiver Emotionen können auf individueller, organisatorischer und gesellschaftlicher Ebene ansetzen. Psychologisch betrachtet erfordert die Förderung des Ansprechens positiver Emotionen auf individueller Ebene die Entwicklung von emotionaler Intelligenz, die Förderung von positivem Denken und die bewusste Pflege von emotionalen Beziehungen. Auf organisatorischer Ebene können Institutionen eine Kultur des positiven Emotionsmanagements fördern, die die Anerkennung von Erfolgen betont, eine unterstützende Arbeitsumgebung schafft und Möglichkeiten zur Förderung von Mitarbeitern schafft. Auf gesellschaftlicher Ebene kann Bildung eine entscheidende Rolle spielen, indem sie das Bewusstsein für die Bedeutung positiver Emotionen schärft, den Umgang mit Emotionen fördert und die Schaffung einer positiven sozialen Atmosphäre unterstützt.

Insgesamt verdeutlicht die psychologische Analyse, dass das Ansprechen positiver Emotionen nicht nur ein angenehmer Aspekt des Lebens ist, sondern auch tiefgreifende Auswirkungen auf verschiedene Lebensbereiche hat. Die psychologischen Grundlagen des Ansprechens positiver Emotionen, basierend auf der Positiven Psychologie, der Emotionspsychologie und der Neurobiologie der Emotionen, zeigen, dass dieses Prinzip auf einer fundierten psychologischen Basis beruht. Die praktische Anwendung erfordert bewusste Bemühungen auf individueller, organisatorischer und gesellschaftlicher Ebene, um eine Kultur des positiven Emotionsmanagements zu schaffen, die persönliches Wohlbefinden, zwischenmenschliche Beziehungen, beruflichen Erfolg und gesellschaftliche Zusammenarbeit fördert.

Werte-Harmonie suchen

Die Suche nach Werte-Harmonie ist ein psychologisches Prinzip, das auf der Idee basiert, dass individuelle Werte und Überzeugungen mit den Werten anderer in Einklang gebracht werden sollten, um ein harmonisches und erfüllendes Leben zu führen. In dieser umfassenden Zusammenfassung werden wir die Psychologie hinter der Suche nach Werte-Harmonie erforschen, die Bedeutung und Auswirkungen dieses Prinzips analysieren und verschiedene Aspekte dieser Praxis untersuchen. Dabei werden wir die psychologischen Grundlagen der Suche nach Werte-Harmonie beleuchten, praktische Anwendungen erforschen, mögliche Herausforderungen aufzeigen und Strategien zur Förderung dieses Prinzips erkunden.

Psychologisch betrachtet basiert die Suche nach Werte-Harmonie auf verschiedenen kognitiven, emotionalen und verhaltensbezogenen Prozessen. Die psychologischen Grundlagen dieses Prinzips sind in der Persönlichkeitspsychologie, der Sozialpsychologie und der Moralpsychologie verwurzelt.

In der Persönlichkeitspsychologie spielen individuelle Werte eine entscheidende Rolle bei der Gestaltung von Persönlichkeitsmerkmalen und Verhaltensweisen. Psychologisch betrachtet sind Werte tief verwurzelte Überzeugungen, die die Prioritäten und Prinzipien einer Person widerspiegeln. Die psychologischen Grundlagen der Suche nach Werte-Harmonie in der Persönlichkeitspsychologie betonen, dass die Identifizierung und Priorisierung persönlicher Werte ein Schlüssel zur psychischen Gesundheit und Lebenszufriedenheit ist.

In der Sozialpsychologie betrifft die Suche nach Werte-Harmonie die Wechselwirkungen zwischen individuellen Werten und den sozialen Normen oder Erwartungen der Gemeinschaft. Psychologisch betrachtet beeinflussen soziale Normen die Art und Weise, wie Werte internalisiert, ausgelebt und in sozialen Interaktionen berücksichtigt werden. Die psychologischen Grundlagen der Suche nach Werte-Harmonie in der

Sozialpsychologie betonen, dass die Harmonisierung individueller Werte mit den sozialen Normen zu einem Gefühl der Zugehörigkeit, des Respekts und der sozialen Unterstützung führen kann.

In der Moralpsychologie ist die Suche nach Werte-Harmonie eng mit moralischen Prinzipien und ethischem Verhalten verbunden. Psychologisch betrachtet spielen individuelle Werte eine entscheidende Rolle bei moralischen Entscheidungen und Handlungen. Die psychologischen Grundlagen der Suche nach Werte-Harmonie in der Moralpsychologie betonen, dass die Auseinandersetzung mit moralischen Überzeugungen und die Kultivierung moralischer Integrität zu einem sinnerfüllten Leben beitragen können.

Die Bedeutung der Suche nach Werte-Harmonie erstreckt sich über verschiedene Lebensbereiche. Auf individueller Ebene fördert dieses Prinzip die Selbstakzeptanz, ermöglicht authentisches Handeln und trägt zur Entwicklung einer starken und kohärenten Identität bei. Psychologisch betrachtet ermöglicht die Suche nach Werte-Harmonie auf individueller Ebene ein tieferes Verständnis der eigenen Überzeugungen, Prioritäten und Lebensziele.

In persönlichen Beziehungen spielt die Suche nach Werte-Harmonie eine entscheidende Rolle bei der Schaffung von Verbundenheit, Vertrauen und Respekt. Psychologisch betrachtet fördert die Abstimmung individueller Werte mit den Werten des Partners eine positive und unterstützende Beziehungsdynamik. Die psychologischen Grundlagen der Suche nach Werte-Harmonie in persönlichen Beziehungen betonen, dass die gemeinsame Ausrichtung auf Werte zu einer tieferen emotionalen Verbindung und einem langfristigen Wachstum der Beziehung führen kann.

In beruflichen Kontexten trägt die Suche nach Werte-Harmonie zur Schaffung einer positiven Arbeitskultur, zur Förderung von Mitarbeiterengagement und zur Erreichung gemeinsamer Unternehmensziele bei. Psychologisch betrachtet ermöglicht die Harmonisierung individueller Werte mit den Werten des

Unternehmens eine erhöhte Arbeitszufriedenheit, eine verbesserte Mitarbeitermotivation und eine gesteigerte organisatorische Effizienz.

In gesellschaftlichen Kontexten fördert die Suche nach Werte-Harmonie die soziale Kohäsion, unterstützt die Akzeptanz von Vielfalt und trägt zur Schaffung einer integrativen Gemeinschaft bei. Psychologisch betrachtet ermöglicht die Ausrichtung individueller Werte mit den gemeinsamen Werten der Gesellschaft eine positive und konstruktive Teilnahme am sozialen Leben. Die psychologischen Grundlagen der Suche nach Werte-Harmonie in gesellschaftlichen Strukturen betonen, dass die Förderung gemeinsamer Werte zu einem harmonischen sozialen Umfeld führen kann.

Die psychologischen Grundlagen der Suche nach Werte-Harmonie zeigen, dass dieses Prinzip auf verschiedenen Ebenen positive Auswirkungen haben kann. Psychologisch betrachtet können individuelle Unterschiede in der Identifikation und Priorisierung von Werten, kulturelle Einflüsse und Lebenserfahrungen die Effektivität dieses Prinzips beeinflussen. Das Bewusstsein für mögliche Herausforderungen, wie individuelle Konflikte zwischen verschiedenen Werten, kulturelle Differenzen und die Notwendigkeit eines flexiblen Wertesystems, ist entscheidend, um gezielte Strategien zur Förderung der Suche nach Werte-Harmonie zu entwickeln.

Strategien zur Förderung der Suche nach Werte-Harmonie können auf individueller, organisatorischer und gesellschaftlicher Ebene ansetzen. Psychologisch betrachtet erfordert die Förderung der Suche nach Werte-Harmonie auf individueller Ebene die Reflexion über persönliche Werte, die Entwicklung von Werteklarheit und die Bereitschaft zur Anpassung an sich ändernde Lebensumstände. Auf organisatorischer Ebene können Institutionen eine Kultur der Werteorientierung fördern, die die Anerkennung von Vielfalt betont, ethische Leitlinien implementiert und Möglichkeiten zur beruflichen Weiterentwicklung bietet. Auf gesellschaftlicher Ebene kann Bildung eine entscheidende Rolle spielen, indem sie das Bewusstsein für die Bedeutung von Werten schärft, den respektvollen Umgang mit Differenzen fördert und die Entwicklung einer werteorientierten Gesellschaft unterstützt.

Insgesamt verdeutlicht die psychologische Analyse, dass die Suche nach Werte-Harmonie nicht nur ein abstraktes Konzept ist, sondern tiefe Auswirkungen auf individuelles Wohlbefinden, zwischenmenschliche Beziehungen, beruflichen Erfolg und gesellschaftliche Zusammenarbeit hat. Die psychologischen Grundlagen der Suche nach Werte-Harmonie, basierend auf der Persönlichkeitspsychologie, der Sozialpsychologie und der Moralpsychologie, zeigen, dass dieses Prinzip auf einer fundierten psychologischen Basis beruht. Die praktische Anwendung erfordert bewusste Bemühungen auf individueller, organisatorischer und gesellschaftlicher Ebene, um eine Kultur der Werte-Harmonie zu schaffen, die persönliches Wohlbefinden, soziale Verbundenheit, beruflichen Erfolg und gesellschaftliche Kohäsion fördert.

Konkrete Beispiele verwenden

Die Verwendung konkreter Beispiele ist eine wirksame Kommunikationsstrategie, die auf psychologischen Prinzipien beruht, um Informationen klarer zu vermitteln, Verständnis zu fördern und Botschaften zu verankern. In dieser umfassenden Zusammenfassung werden wir die Psychologie hinter der Verwendung konkreter Beispiele erforschen, ihre Bedeutung und Effektivität analysieren und verschiedene Aspekte dieser Praxis untersuchen. Dabei werden wir die psychologischen Grundlagen der Verwendung konkreter Beispiele beleuchten, praktische Anwendungen erforschen, mögliche Herausforderungen aufzeigen und Strategien zur Verbesserung dieser Kommunikationsmethode erkunden.

Psychologisch betrachtet basiert die Verwendung konkreter Beispiele auf verschiedenen kognitiven, emotionalen und kommunikativen Prozessen. Die psychologischen Grundlagen dieses Prinzips sind in der Kognitionspsychologie, der Lernpsychologie und der Rhetorik verwurzelt.

In der Kognitionspsychologie spielt die Verwendung konkreter Beispiele eine entscheidende Rolle bei der Informationsverarbeitung und dem Gedächtnis. Psychologisch betrachtet erleichtern konkrete Beispiele das Verständnis, da sie abstrakte Konzepte in greifbare und realitätsnahe Situationen umwandeln. Die psychologischen Grundlagen der Verwendung konkreter Beispiele in der Kognitionspsychologie betonen, dass menschliche Gehirne dazu neigen, sich besser an konkrete, bildhafte Informationen zu erinnern und diese besser zu verstehen.

In der Lernpsychologie ist die Verwendung konkreter Beispiele ein bewährter Ansatz, um komplexe Themen für Lernende zugänglicher zu machen. Psychologisch betrachtet erleichtern konkrete Beispiele die Verknüpfung neuer Informationen mit vorhandenem Wissen, fördern die Anwendung von Konzepten in realen Situationen und steigern die Lernmotivation. Die psychologischen Grundlagen der Verwendung konkreter Beispiele in der Lernpsychologie betonen, dass aktives Lernen durch konkrete Anwendungen zu einem tieferen Verständnis und einer nachhaltigen Wissensverankerung führt.

In der Rhetorik, der Kunst der überzeugenden Kommunikation, ist die Verwendung konkreter Beispiele ein Schlüsselelement, um Botschaften überzeugend und einprägsam zu gestalten. Psychologisch betrachtet sprechen konkrete Beispiele die emotionale Ebene an, erleichtern die Identifikation des Publikums mit den präsentierten Ideen und erhöhen die Glaubwürdigkeit des Sprechers. Die psychologischen Grundlagen der Verwendung konkreter Beispiele in der Rhetorik betonen, dass das Einbetten von abstrakten Konzepten in anschauliche Geschichten oder Beispiele die Wirksamkeit der Kommunikation erheblich steigert.

Die Bedeutung der Verwendung konkreter Beispiele erstreckt sich über verschiedene Kommunikationskontexte. In Geschäftspräsentationen, pädagogischen Settings, politischen Reden und alltäglichen Gesprächen kann die Integration von konkreten Beispielen die Kommunikation verbessern, komplexe Informationen verständlicher machen und die Überzeugungskraft stärken. Psychologisch betrachtet bietet die Verwendung konkreter Beispiele eine Brücke zwischen abstrakten Konzepten und der realen Welt, was zu einer tieferen Verbindung zwischen Sender und Empfänger führt.

Die psychologischen Grundlagen der Verwendung konkreter Beispiele zeigen, dass dieses Prinzip auf verschiedenen Ebenen positive Auswirkungen haben kann. Psychologisch betrachtet können individuelle Unterschiede in der Wahrnehmung von Konkretheit, kulturelle Einflüsse und Kontextvariablen die Effektivität dieses Kommunikationsansatzes beeinflussen. Das Bewusstsein für mögliche Herausforderungen, wie die Auswahl geeigneter Beispiele, die Anpassung an verschiedene Zielgruppen und die Vermeidung von Stereotypen, ist entscheidend, um gezielte Strategien zur Verbesserung der Verwendung konkreter Beispiele zu entwickeln.

Strategien zur Verbesserung der Verwendung konkreter Beispiele können auf individueller, organisatorischer und gesellschaftlicher Ebene ansetzen. Psychologisch betrachtet erfordert die Verbesserung der Verwendung konkreter Beispiele auf individueller Ebene das Bewusstsein für die Zielgruppe, die Auswahl relevanter Beispiele und die Fähigkeit zur emotionalen Verbindung. Auf organisatorischer Ebene können Institutionen Schulungen zur Kommunikation anbieten, die die Bedeutung konkreter Beispiele betonen, klare Richtlinien zur Gestaltung von Präsentationen entwickeln und den Einsatz von Beispielen in Schulungsprogrammen fördern. Auf gesellschaftlicher Ebene kann Bildung eine entscheidende Rolle spielen, indem sie die Bedeutung klarer Kommunikation vermittelt, die Fähigkeiten zur Auswahl und Präsentation von Beispielen stärkt und eine Kultur fördert, die auf verständlicher Information basiert.

Insgesamt verdeutlicht die psychologische Analyse, dass die Verwendung konkreter Beispiele nicht nur eine stilistische Präferenz ist, sondern tiefe Auswirkungen auf die Art und Weise hat, wie Menschen Informationen verarbeiten, verstehen und behalten. Die psychologischen Grundlagen der Verwendung konkreter Beispiele, basierend auf der Kognitionspsychologie, der Lernpsychologie und der Rhetorik, zeigen, dass dieses Prinzip auf einer fundierten psychologischen Basis beruht. Die praktische Anwendung erfordert bewusste Bemühungen auf individueller, organisatorischer und gesellschaftlicher Ebene, um eine Kultur der klaren Kommunikation zu schaffen, die Verständnis fördert, Information verankert und die Überzeugungskraft stärkt.

Inspirierende Vision präsentieren

Die Präsentation einer inspirierenden Vision ist eine wirkungsvolle Führungstechnik, die auf psychologischen Prinzipien beruht, um Teams zu motivieren, Ziele zu setzen und gemeinsam an einer positiven Zukunft zu arbeiten. In dieser umfassenden Zusammenfassung werden wir die Psychologie hinter der Präsentation einer inspirierenden Vision erforschen, ihre Bedeutung und Wirksamkeit analysieren und verschiedene Aspekte dieser Führungstechnik untersuchen. Dabei werden wir die psychologischen Grundlagen der Präsentation einer inspirierenden Vision beleuchten, praktische Anwendungen erforschen, mögliche Herausforderungen aufzeigen und Strategien zur Stärkung dieser Führungsmethode erkunden.

Psychologisch betrachtet basiert die Präsentation einer inspirierenden Vision auf verschiedenen kognitiven, emotionalen und motivationsspezifischen Prozessen. Die psychologischen Grundlagen dieses Prinzips sind in der Motivationspsychologie, der sozialen Identitätstheorie und der positiven Psychologie verwurzelt.

In der Motivationspsychologie spielt die Präsentation einer inspirierenden Vision eine entscheidende Rolle bei der Steigerung der intrinsischen Motivation. Psychologisch betrachtet regt eine klare und inspirierende Vision das Bedürfnis nach persönlichem Wachstum, Selbstverwirklichung und Beitrag an. Die psychologischen Grundlagen der Präsentation einer inspirierenden Vision in der Motivationspsychologie betonen, dass eine motivierende Vision die individuelle Zielsetzung erleichtert und einen Anreiz für persönliche Anstrengungen bietet.

In der sozialen Identitätstheorie ist die Präsentation einer inspirierenden Vision ein Mittel zur Stärkung der Gruppenzugehörigkeit und des Zusammengehörigkeitsgefühls. Psychologisch betrachtet fördert eine inspirierende Vision das Wir-Gefühl, indem sie klare Ziele und Werte für die Gruppe definiert. Die psychologischen Grundlagen der Präsentation einer inspirierenden Vision in der sozialen Identitätstheorie betonen, dass eine starke

Gruppenidentität zu einer erhöhten Kooperation, Motivation und Leistung führen kann.

In der positiven Psychologie spielt die Präsentation einer inspirierenden Vision eine Rolle bei der Förderung von Optimismus und psychischem Wohlbefinden. Psychologisch betrachtet bietet eine inspirierende Vision eine positive Perspektive auf die Zukunft, was zu einer optimistischen Grundhaltung und einem gesteigerten Lebenssinn beitragen kann. Die psychologischen Grundlagen der Präsentation einer inspirierenden Vision in der positiven Psychologie betonen, dass die Ausrichtung auf positive Ziele und Werte das psychische Wohlbefinden fördert und die Widerstandsfähigkeit gegenüber Herausforderungen stärkt.

Die Bedeutung der Präsentation einer inspirierenden Vision erstreckt sich über verschiedene Führungskontexte. In Unternehmen, gemeinnützigen Organisationen, Bildungseinrichtungen und politischen Institutionen kann die klare Kommunikation einer inspirierenden Vision dazu beitragen, die Mitarbeiter zu mobilisieren, den Teamgeist zu stärken und eine gemeinsame Ausrichtung zu schaffen. Psychologisch betrachtet bietet die Präsentation einer inspirierenden Vision eine emotionale Verbindung, fördert das Vertrauen der Mitarbeiter und erleichtert die Akzeptanz von Veränderungen.

Die psychologischen Grundlagen der Präsentation einer inspirierenden Vision zeigen, dass dieses Prinzip auf verschiedenen Ebenen positive Auswirkungen haben kann. Psychologisch betrachtet können individuelle Unterschiede in der Wahrnehmung von Inspiriertheit, kulturelle Einflüsse und die Fähigkeit zur emotionalen Resonanz die Effektivität dieses Führungsansatzes beeinflussen. Das Bewusstsein für mögliche Herausforderungen, wie die Entwicklung authentischer Visionen, die Anpassung an verschiedene Zielgruppen und die Integration von Rückmeldungen, ist entscheidend, um gezielte Strategien zur Stärkung der Präsentation einer inspirierenden Vision zu entwickeln.

Strategien zur Stärkung der Präsentation einer inspirierenden Vision können auf individueller, organisatorischer und gesellschaftlicher Ebene ansetzen. Psychologisch betrachtet erfordert die Stärkung der Präsentation einer inspirierenden Vision auf individueller Ebene die Entwicklung von Führungskompetenzen, die Klarheit bei der Zielsetzung und die Fähigkeit zur empathischen Kommunikation. Auf organisatorischer Ebene können Institutionen Schulungen zur Führung anbieten, die die Bedeutung inspirierender Visionen betonen, klare Kommunikationskanäle etablieren und eine Kultur fördern, die auf gemeinsamen Werten und Zielen basiert. Auf gesellschaftlicher Ebene kann Bildung eine entscheidende Rolle spielen, indem sie die Wichtigkeit inspirierender Führung vermittelt, die Entwicklung von Führungsfähigkeiten unterstützt und eine Kultur fördert, die auf Vision und Zusammenarbeit basiert.

Insgesamt verdeutlicht die psychologische Analyse, dass die Präsentation einer inspirierenden Vision nicht nur eine rhetorische Technik ist, sondern tiefgreifende Auswirkungen auf individuelle Motivation, Gruppendynamik, organisatorischen Erfolg und gesellschaftliche Zusammenarbeit hat. Die psychologischen Grundlagen der Präsentation einer inspirierenden Vision, basierend auf der Motivationspsychologie, der sozialen Identitätstheorie und der positiven Psychologie, zeigen, dass dieses Prinzip auf einer fundierten psychologischen Basis beruht. Die praktische Anwendung erfordert bewusste Bemühungen auf individueller, organisatorischer und gesellschaftlicher Ebene, um eine Kultur der inspirierenden Führung zu schaffen, die individuelle Potenziale freisetzt, Gruppen zusammenführt und eine positive Zukunftsvision fördert.

Gemeinsames Ziel betonen

Die Betonung eines gemeinsamen Ziels ist eine fundamentale Strategie in der zwischenmenschlichen Kommunikation und Zusammenarbeit. Psychologisch betrachtet beruht die Kraft dieser Betonung auf verschiedenen Aspekten, die von der sozialen Psychologie, Motivationspsychologie und Teamdynamik beleuchtet werden. Diese umfassende Zusammenfassung wird die psychologischen Grundlagen der Betonung eines gemeinsamen Ziels erforschen, ihre Bedeutung und Wirksamkeit analysieren, praktische Anwendungen erkunden und mögliche Herausforderungen aufzeigen. Dabei wird ein tiefer Einblick in die psychologischen Prinzipien gewährt, die diese Strategie so wirkungsvoll machen.

In der sozialen Psychologie spielt die Betonung eines gemeinsamen Ziels eine zentrale Rolle bei der Bildung und Aufrechterhaltung von sozialen Bindungen und Gruppenzugehörigkeiten. Psychologisch betrachtet fördert ein gemeinsames Ziel den Zusammenhalt innerhalb einer Gruppe, indem es eine gemeinsame Ausrichtung und Identität schafft. Die psychologischen Grundlagen in der sozialen Psychologie betonen, dass Menschen dazu neigen, sich mit anderen zu identifizieren und in Gemeinschaften einzubinden, wenn sie ein gemeinsames Ziel teilen.

In der Motivationspsychologie ist die Betonung eines gemeinsamen Ziels ein Schlüssel zur Steigerung der intrinsischen Motivation. Psychologisch betrachtet schafft ein gemeinsames Ziel einen Anreiz für individuelle Anstrengungen, da es persönliche Bemühungen mit dem Streben nach etwas Größerem verbindet. Die psychologischen Grundlagen in der Motivationspsychologie betonen, dass die Ausrichtung auf gemeinsame Ziele individuelle Motivation steigert, da Menschen eine tiefere Bedeutung in ihrer Arbeit oder ihren Anstrengungen finden.

In der Teamdynamik ist die Betonung eines gemeinsamen Ziels entscheidend für die Effektivität und Kohäsion eines Teams.

Psychologisch betrachtet fördert ein gemeinsames Ziel die Zusammenarbeit und den Austausch von Ressourcen innerhalb des Teams, da alle Mitglieder auf ein gemeinsames Ergebnis hinarbeiten. Die psychologischen Grundlagen in der Teamdynamik betonen, dass die Betonung eines gemeinsamen Ziels zu einem Gefühl der Verantwortung gegenüber anderen Teammitgliedern führt und das Vertrauen innerhalb des Teams stärkt.

Die Bedeutung der Betonung eines gemeinsamen Ziels erstreckt sich über verschiedene Kontexte, von Organisationen und Unternehmen bis hin zu sozialen Bewegungen und Familien. Psychologisch betrachtet bietet die Fokussierung auf gemeinsame Ziele eine klare Ausrichtung, fördert die Zusammenarbeit, steigert die Motivation und stärkt die sozialen Bindungen. Die psychologischen Grundlagen zeigen, dass die Betonung eines gemeinsamen Ziels nicht nur eine strategische Entscheidung ist, sondern tiefgreifende Auswirkungen auf individuelle Einstellungen, Gruppendynamik und den Erfolg von Projekten hat.

Die psychologischen Grundlagen der Betonung eines gemeinsamen Ziels verdeutlichen, dass dieses Prinzip auf verschiedenen Ebenen positive Auswirkungen haben kann. Psychologisch betrachtet können individuelle Unterschiede in der Wahrnehmung von Zielen, kulturelle Einflüsse und die Art der Kommunikation die Effektivität dieser Strategie beeinflussen. Das Bewusstsein für mögliche Herausforderungen, wie die klare Definition von Zielen, die Anpassung an verschiedene Teamdynamiken und die Integration von individuellen Perspektiven, ist entscheidend, um gezielte Strategien zur Verbesserung der Betonung eines gemeinsamen Ziels zu entwickeln.

Strategien zur Verbesserung der Betonung eines gemeinsamen Ziels können auf individueller, organisatorischer und gesellschaftlicher Ebene ansetzen. Psychologisch betrachtet erfordert die Verbesserung der Betonung eines gemeinsamen Ziels auf individueller Ebene die Entwicklung von Fähigkeiten zur Zielformulierung, die Förderung einer gemeinsamen Vision und die

Fähigkeit zur motivierenden Kommunikation. Auf organisatorischer Ebene können Institutionen klare Strukturen für Zielsetzungen schaffen, regelmäßige Kommunikationskanäle etablieren und eine Kultur fördern, die auf gemeinsamen Werten und Zielen basiert. Auf gesellschaftlicher Ebene kann Bildung eine entscheidende Rolle spielen, indem sie die Bedeutung gemeinsamer Ziele vermittelt, die Entwicklung von Zielformulierungsfähigkeiten unterstützt und eine Kultur fördert, die auf Kooperation und geteilten Visionen basiert.

Insgesamt verdeutlicht die psychologische Analyse, dass die Betonung eines gemeinsamen Ziels nicht nur eine organisatorische Notwendigkeit ist, sondern auch tiefgreifende Auswirkungen auf individuelle Motivation, soziale Zusammenarbeit und den Erfolg von Projekten hat. Die psychologischen Grundlagen der Betonung eines gemeinsamen Ziels, basierend auf der sozialen Psychologie, Motivationspsychologie und Teamdynamik, zeigen, dass dieses Prinzip auf einer fundierten psychologischen Basis beruht. Die praktische Anwendung erfordert bewusste Bemühungen auf individueller, organisatorischer und gesellschaftlicher Ebene, um eine Kultur der klaren Zielsetzung zu schaffen, die Zusammenarbeit fördert, Motivation steigert und den Erfolg von gemeinsamen Bemühungen sicherstellt.

Transparenz fördern

Die Förderung von Transparenz ist eine entscheidende Strategie in verschiedenen Kontexten, sei es in Organisationen, zwischenmenschlichen Beziehungen oder politischen Systemen. Psychologisch betrachtet beruht die Kraft dieser Förderung auf verschiedenen Aspekten, die von der sozialen Psychologie, Vertrauensforschung und Kommunikationswissenschaft beleuchtet werden. Diese umfassende Zusammenfassung wird die psychologischen Grundlagen der Förderung von Transparenz erforschen, ihre Bedeutung und Wirksamkeit analysieren, praktische Anwendungen erkunden und mögliche Herausforderungen aufzeigen. Dabei wird ein tiefer Einblick in die psychologischen Prinzipien gewährt, die diese Strategie so wirkungsvoll machen.

In der sozialen Psychologie spielt die Förderung von Transparenz eine entscheidende Rolle bei der Entwicklung von Vertrauen und zwischenmenschlichen Beziehungen. Psychologisch betrachtet schafft Transparenz eine offene Kommunikation, die es den Menschen ermöglicht, sich sicherer zu fühlen und tiefere Verbindungen herzustellen. Die psychologischen Grundlagen in der sozialen Psychologie betonen, dass Menschen dazu neigen, Vertrauen aufzubauen und positive Beziehungen einzugehen, wenn Informationen klar und ehrlich kommuniziert werden.

In der Vertrauensforschung ist Transparenz ein zentraler Faktor für die Bildung und Aufrechterhaltung von Vertrauen in Organisationen und Institutionen. Psychologisch betrachtet schafft die Offenlegung von Informationen Vertrauen, indem sie zeigt, dass eine Organisation integer und verantwortungsbewusst handelt. Die psychologischen Grundlagen in der Vertrauensforschung betonen, dass transparente Kommunikation das Vertrauen der Menschen stärkt und das Risiko von Missverständnissen und Misstrauen verringert.

In der Kommunikationswissenschaft ist Transparenz ein Schlüsselprinzip für eine effektive und ethische Kommunikation.

Psychologisch betrachtet ermöglicht Transparenz ein besseres Verständnis zwischen Sender und Empfänger, da alle relevanten Informationen verfügbar sind. Die psychologischen Grundlagen in der Kommunikationswissenschaft betonen, dass transparente Kommunikation zu einer höheren Zufriedenheit, Akzeptanz und positiven Wahrnehmung führt.

Die Bedeutung der Förderung von Transparenz erstreckt sich über verschiedene Bereiche, von der Unternehmensführung über staatliche Institutionen bis hin zu persönlichen Beziehungen. Psychologisch betrachtet bietet die Betonung von Transparenz klare Kommunikationskanäle, fördert Vertrauen und trägt dazu bei, Konflikte zu minimieren. Die psychologischen Grundlagen zeigen, dass die Förderung von Transparenz nicht nur eine ethische Verpflichtung ist, sondern auch tiefgreifende Auswirkungen auf individuelle Wahrnehmungen, zwischenmenschliche Beziehungen und den Erfolg von Organisationen hat.

Die psychologischen Grundlagen der Förderung von Transparenz verdeutlichen, dass dieses Prinzip auf verschiedenen Ebenen positive Auswirkungen haben kann. Psychologisch betrachtet können individuelle Unterschiede in der Wahrnehmung von Transparenz, kulturelle Einflüsse und die Art der Kommunikation die Effektivität dieser Strategie beeinflussen. Das Bewusstsein für mögliche Herausforderungen, wie die Klärung von Informationsgrenzen, die Berücksichtigung verschiedener Perspektiven und die Integration von Feedback, ist entscheidend, um gezielte Strategien zur Verbesserung der Transparenz zu entwickeln.

Strategien zur Verbesserung der Transparenz können auf individueller, organisatorischer und gesellschaftlicher Ebene ansetzen. Psychologisch betrachtet erfordert die Verbesserung der Transparenz auf individueller Ebene die Entwicklung von Kommunikationskompetenzen, die Fähigkeit zur Empathie und die Bereitschaft, relevante Informationen zu teilen. Auf organisatorischer Ebene können Institutionen klare Richtlinien für die Offenlegung von Informationen festlegen, transparente Entscheidungsprozesse etablieren und eine Kultur fördern, die auf Vertrauen und Integrität basiert. Auf gesellschaftlicher Ebene kann Bildung eine entscheidende Rolle spielen, indem sie die Bedeutung von Transparenz vermittelt, die Entwicklung von Kommunikationsfähigkeiten unterstützt und eine Kultur fördert, die auf offener Kommunikation und Verantwortungsbewusstsein basiert.

Insgesamt verdeutlicht die psychologische Analyse, dass die Förderung von Transparenz nicht nur eine strategische Entscheidung ist, sondern auch tiefgreifende Auswirkungen auf individuelle Wahrnehmungen, soziale Beziehungen und den Erfolg von Organisationen hat. Die psychologischen Grundlagen der Förderung von Transparenz, basierend auf der sozialen Psychologie, Vertrauensforschung und Kommunikationswissenschaft, zeigen, dass dieses Prinzip auf einer fundierten psychologischen Basis beruht. Die praktische Anwendung erfordert bewusste Bemühungen auf individueller, organisatorischer und gesellschaftlicher Ebene, um eine Kultur der offenen Kommunikation zu schaffen, die Vertrauen fördert, Missverständnisse minimiert und den Erfolg von zwischenmenschlichen Beziehungen sowie Organisationen sicherstellt.

Zusammengehörigkeitsgefühl stärken

Das Stärken des Zusammengehörigkeitsgefühls ist eine grundlegende Strategie, die in verschiedenen Kontexten angewendet wird, sei es in Unternehmen, Gemeinschaften oder sozialen Gruppen. Psychologisch betrachtet beruht die Kraft dieser Strategie auf verschiedenen Aspekten, die von der sozialen Psychologie, Gruppendynamik und Motivationspsychologie beleuchtet werden. Diese umfassende Zusammenfassung wird die psychologischen Grundlagen des Stärkens des Zusammengehörigkeitsgefühls erforschen, seine Bedeutung und Wirksamkeit analysieren, praktische Anwendungen erkunden und mögliche Herausforderungen aufzeigen. Dabei wird ein tiefer Einblick in die psychologischen Prinzipien gewährt, die diese Strategie so wirkungsvoll machen.

In der sozialen Psychologie spielt das Zusammengehörigkeitsgefühl eine zentrale Rolle bei der Bildung und Aufrechterhaltung von sozialen Bindungen. Psychologisch betrachtet entsteht das Gefühl der Zugehörigkeit durch die Identifikation mit einer Gruppe, sei es aufgrund von gemeinsamen Werten, Interessen oder Erfahrungen. Die psychologischen Grundlagen in der sozialen Psychologie betonen, dass Menschen dazu neigen, sich stärker mit anderen zu identifizieren und positive Beziehungen einzugehen, wenn sie ein starkes Zusammengehörigkeitsgefühl empfinden.

In der Gruppendynamik ist das Stärken des Zusammengehörigkeitsgefühls entscheidend für die Effektivität und Harmonie einer Gruppe. Psychologisch betrachtet fördert ein starkes Zusammengehörigkeitsgefühl die Zusammenarbeit und den Zusammenhalt innerhalb der Gruppe, da es ein Gefühl der Gemeinschaft und des geteilten Schicksals schafft. Die psychologischen Grundlagen in der Gruppendynamik betonen, dass das Zusammengehörigkeitsgefühl zu einer positiven Gruppenidentität führt und die individuelle Motivation steigert, um zum gemeinsamen Ziel beizutragen.

In der Motivationspsychologie ist das Zusammengehörigkeitsgefühl ein Schlüssel zur Steigerung der intrinsischen Motivation. Psychologisch betrachtet entsteht Motivation durch das Bedürfnis nach sozialer Akzeptanz und Zugehörigkeit. Die psychologischen Grundlagen in der Motivationspsychologie betonen, dass Menschen motivierter sind, wenn sie das Gefühl haben, Teil einer unterstützenden Gemeinschaft zu sein, in der ihre Beiträge geschätzt werden.

Die Bedeutung des Stärkens des Zusammengehörigkeitsgefühls erstreckt sich über verschiedene Bereiche, von Unternehmen und Organisationen bis hin zu Gemeinschaften und sozialen Bewegungen. Psychologisch betrachtet bietet ein starkes Zusammengehörigkeitsgefühl zahlreiche Vorteile, darunter verbesserte Kommunikation, gesteigerte Motivation und eine positive Gruppendynamik. Die psychologischen Grundlagen zeigen, dass das Stärken des Zusammengehörigkeitsgefühls nicht nur eine soziale Notwendigkeit ist, sondern auch tiefgreifende Auswirkungen auf individuelle Wahrnehmungen, Gruppendynamiken und den Erfolg von Projekten hat.

Die psychologischen Grundlagen des Stärkens des Zusammengehörigkeitsgefühls verdeutlichen, dass dieses Prinzip auf verschiedenen Ebenen positive Auswirkungen haben kann. Psychologisch betrachtet können individuelle Unterschiede in der Wahrnehmung von Zugehörigkeit, kulturelle Einflüsse und die Art der Interaktion die Effektivität dieser Strategie beeinflussen. Das Bewusstsein für mögliche Herausforderungen, wie die Integration von Vielfalt, die Förderung von Inklusion und die Bewältigung von Konflikten innerhalb der Gruppe, ist entscheidend, um gezielte Strategien zur Stärkung des Zusammengehörigkeitsgefühls zu entwickeln.

Strategien zur Stärkung des Zusammengehörigkeitsgefühls können auf individueller, organisatorischer und gesellschaftlicher Ebene ansetzen. Psychologisch betrachtet erfordert die Stärkung des Zusammengehörigkeitsgefühls auf individueller Ebene die

Förderung von Empathie, die Schaffung von Gemeinschaftsritualen und die Entwicklung von Kommunikationskompetenzen. Auf organisatorischer Ebene können Unternehmen eine positive Organisationskultur fördern, die auf Werten wie Zusammenarbeit, Anerkennung und Unterstützung basiert. Auf gesellschaftlicher Ebene können Bildung und soziale Programme dazu beitragen, ein Bewusstsein für die Bedeutung von Zusammengehörigkeitsgefühl zu schaffen, Vielfalt zu feiern und inklusive Gemeinschaften zu fördern.

Insgesamt verdeutlicht die psychologische Analyse, dass die Stärkung des Zusammengehörigkeitsgefühls nicht nur eine soziale Strategie ist, sondern auch tiefgreifende Auswirkungen auf individuelle Wahrnehmungen, Gruppendynamiken und den Erfolg von Projekten hat. Die psychologischen Grundlagen der Stärkung des Zusammengehörigkeitsgefühls, basierend auf der sozialen Psychologie, Gruppendynamik und Motivationspsychologie, zeigen, dass dieses Prinzip auf einer fundierten psychologischen Basis beruht. Die praktische Anwendung erfordert bewusste Bemühungen auf individueller, organisatorischer und gesellschaftlicher Ebene, um eine Kultur der Zugehörigkeit zu schaffen, die Zusammenarbeit fördert, Motivation steigert und den Erfolg von Gruppenbemühungen sicherstellt.

Gemeinsame Interessen identifizieren

Die Identifikation gemeinsamer Interessen ist eine wesentliche Strategie, die in verschiedenen Kontexten angewendet wird, um Verbindungen herzustellen und Kooperationen zu fördern. Psychologisch betrachtet beruht die Wirksamkeit dieser Strategie auf verschiedenen Aspekten, die von der sozialen Psychologie, Interessensforschung und Beziehungswissenschaft beleuchtet werden. Diese umfassende Zusammenfassung wird die psychologischen Grundlagen der Identifikation gemeinsamer Interessen erforschen, ihre Bedeutung und Wirksamkeit analysieren, praktische Anwendungen erkunden und mögliche Herausforderungen aufzeigen. Dabei wird ein tiefer Einblick in die psychologischen Prinzipien gewährt, die diese Strategie so wirkungsvoll machen.

In der sozialen Psychologie spielt die Identifikation gemeinsamer Interessen eine zentrale Rolle bei der Entstehung von sozialen Bindungen und zwischenmenschlichen Beziehungen. Psychologisch betrachtet fördert die Identifikation gemeinsamer Interessen eine positive Wahrnehmung und Verbundenheit, da Menschen dazu neigen, sich zu anderen hingezogen zu fühlen, die ähnliche Interessen teilen. Die psychologischen Grundlagen in der sozialen Psychologie betonen, dass die Identifikation gemeinsamer Interessen einen gemeinsamen Nenner schafft, der die Grundlage für Vertrauen und Sympathie bildet.

In der Interessensforschung ist die Identifikation gemeinsamer Interessen entscheidend für die Bildung von Gruppen und Gemeinschaften. Psychologisch betrachtet schafft die gemeinsame Ausrichtung auf bestimmte Interessen eine Grundlage für den Zusammenhalt und die Zusammenarbeit innerhalb der Gruppe. Die psychologischen Grundlagen in der Interessensforschung betonen, dass die Identifikation gemeinsamer Interessen ein Gefühl der Zugehörigkeit erzeugt und die individuelle Motivation steigert, um gemeinsame Ziele zu erreichen.

In der Beziehungswissenschaft ist die Identifikation gemeinsamer Interessen ein Schlüssel zur Entwicklung und Aufrechterhaltung von Partnerschaften. Psychologisch betrachtet fördert die Identifikation gemeinsamer Interessen eine tiefere Verbindung, da Paare durch das Teilen von Hobbys oder Leidenschaften eine gemeinsame Basis schaffen. Die psychologischen Grundlagen in der Beziehungswissenschaft betonen, dass die Identifikation gemeinsamer Interessen dazu beiträgt, eine positive Beziehungsdynamik aufrechtzuerhalten und die Freude am Miteinander zu steigern.

Die Bedeutung der Identifikation gemeinsamer Interessen erstreckt sich über verschiedene Bereiche, von persönlichen Beziehungen und Freundschaften bis hin zu beruflichen Kooperationen und sozialen Initiativen. Psychologisch betrachtet bietet die Identifikation gemeinsamer Interessen zahlreiche Vorteile, darunter verbesserte Kommunikation, gestärkte Beziehungen und eine positive Gruppendynamik. Die psychologischen Grundlagen zeigen, dass die Identifikation gemeinsamer Interessen nicht nur eine oberflächliche Gemeinsamkeit ist, sondern tiefgreifende Auswirkungen auf individuelle Wahrnehmungen, soziale Bindungen und den Erfolg von Kooperationen hat.

Die psychologischen Grundlagen der Identifikation gemeinsamer Interessen verdeutlichen, dass dieses Prinzip auf verschiedenen Ebenen positive Auswirkungen haben kann. Psychologisch betrachtet können individuelle Unterschiede in der Wahrnehmung von Interessen, kulturelle Einflüsse und die Art der Interaktion die Effektivität dieser Strategie beeinflussen. Das Bewusstsein für mögliche Herausforderungen, wie die Vielfalt von Interessen, die Förderung von Kompromissen und die Bewältigung von Konflikten, ist entscheidend, um gezielte Strategien zur Identifikation gemeinsamer Interessen zu entwickeln.

Strategien zur Identifikation gemeinsamer Interessen können auf individueller, organisatorischer und gesellschaftlicher Ebene ansetzen. Psychologisch betrachtet erfordert die Identifikation gemeinsamer Interessen auf individueller Ebene die Bereitschaft, offen über persönliche Interessen zu sprechen, aktiv zuzuhören und Empathie für die Interessen anderer zu entwickeln. Auf organisatorischer Ebene können Unternehmen Möglichkeiten schaffen, damit Mitarbeiter ihre Interessen teilen und sich auf gemeinsame Ziele ausrichten können. Auf gesellschaftlicher Ebene können Bildung und kulturelle Programme dazu beitragen, das Bewusstsein für gemeinsame Interessen zu fördern, den Austausch von Ideen zu erleichtern und eine Kultur der Kooperation zu stärken.

Insgesamt verdeutlicht die psychologische Analyse, dass die Identifikation gemeinsamer Interessen nicht nur eine oberflächliche Gemeinsamkeit ist, sondern auch tiefgreifende Auswirkungen auf individuelle Wahrnehmungen, soziale Bindungen und den Erfolg von Kooperationen hat. Die psychologischen Grundlagen der Identifikation gemeinsamer Interessen, basierend auf der sozialen Psychologie, Interessensforschung und Beziehungswissenschaft, zeigen, dass dieses Prinzip auf einer fundierten psychologischen Basis beruht. Die praktische Anwendung erfordert bewusste Bemühungen auf individueller, organisatorischer und gesellschaftlicher Ebene, um eine Kultur der Identifikation gemeinsamer Interessen zu schaffen, die die Grundlage für positive Beziehungen, effektive Kooperationen und den Erfolg von Projekten bildet.

Vertrauensbildende Maßnahmen ergreifen

Das Ergreifen vertrauensbildender Maßnahmen ist von entscheidender Bedeutung, um positive Beziehungen aufzubauen und eine erfolgreiche Zusammenarbeit zu fördern. Psychologisch betrachtet beruht die Wirksamkeit dieser Maßnahmen auf verschiedenen Aspekten, die von der sozialen Psychologie, Vertrauensforschung und Organisationspsychologie beleuchtet werden. Diese umfassende Zusammenfassung wird die psychologischen Grundlagen des Ergreifens vertrauensbildender Maßnahmen erforschen, ihre Bedeutung und Wirksamkeit analysieren, praktische Anwendungen erkunden und mögliche Herausforderungen aufzeigen. Dabei wird ein tiefer Einblick in die psychologischen Prinzipien gewährt, die diese Maßnahmen so wirkungsvoll machen.

In der sozialen Psychologie spielt das Vertrauen eine zentrale Rolle bei der Bildung und Aufrechterhaltung von zwischenmenschlichen Beziehungen. Psychologisch betrachtet entsteht Vertrauen durch positive Erfahrungen, Zuverlässigkeit und Integrität. Die psychologischen Grundlagen in der sozialen Psychologie betonen, dass Menschen eher dazu neigen, Vertrauen aufzubauen, wenn sie das Gefühl haben, dass ihre Erwartungen erfüllt werden und die andere Person verlässlich ist.

In der Vertrauensforschung wird die Bedeutung von Vertrauen in verschiedenen Kontexten, von persönlichen Beziehungen bis hin zu geschäftlichen Transaktionen, untersucht. Psychologisch betrachtet ist Vertrauen ein dynamischer Prozess, der auf Wahrnehmungen, Risikobewertungen und Interaktionen basiert. Die psychologischen Grundlagen in der Vertrauensforschung betonen, dass Vertrauen durch Offenheit, Transparenz und gemeinsame Werte gestärkt wird.

In der Organisationspsychologie ist Vertrauen ein Schlüssel zum Erfolg von Teams und Unternehmen. Psychologisch betrachtet fördert Vertrauen eine positive Organisationskultur, verbessert die Zusammenarbeit und steigert die Mitarbeitermotivation. Die psychologischen Grundlagen in der Organisationspsychologie betonen, dass Vertrauen die Grundlage für effektive Führung, Teamarbeit und Innovationsbereitschaft bildet.

Die Bedeutung des Ergreifens vertrauensbildender Maßnahmen erstreckt sich über verschiedene Bereiche, von persönlichen Beziehungen und Arbeitsumgebungen bis hin zu gesellschaftlichen Strukturen. Psychologisch betrachtet bietet das Ergreifen vertrauensbildender Maßnahmen zahlreiche Vorteile, darunter verbesserte Kommunikation, gestärkte Beziehungen und eine positive Organisationsdynamik. Die psychologischen Grundlagen zeigen, dass das Ergreifen vertrauensbildender Maßnahmen nicht nur eine strategische Notwendigkeit ist, sondern auch tiefgreifende Auswirkungen auf individuelle Wahrnehmungen, soziale Bindungen und den Erfolg von Organisationen hat.

Die psychologischen Grundlagen des Ergreifens vertrauensbildender Maßnahmen verdeutlichen, dass dieses Prinzip auf verschiedenen Ebenen positive Auswirkungen haben kann. Psychologisch betrachtet können individuelle Unterschiede in der Wahrnehmung von Vertrauen, kulturelle Einflüsse und die Art der Interaktion die Effektivität dieser Maßnahmen beeinflussen. Das Bewusstsein für mögliche Herausforderungen, wie den Umgang mit Vertrauensbrüchen, die Förderung von Offenheit und die Bewältigung von Misstrauen, ist entscheidend, um gezielte Strategien zum Ergreifen vertrauensbildender Maßnahmen zu entwickeln.

Strategien zum Ergreifen vertrauensbildender Maßnahmen können auf individueller, organisatorischer und gesellschaftlicher Ebene ansetzen. Psychologisch betrachtet erfordert das Ergreifen vertrauensbildender Maßnahmen auf individueller Ebene die Bereitschaft, authentisch zu sein, Versprechen zu halten und Verantwortung zu übernehmen. Auf organisatorischer Ebene können Unternehmen eine Kultur der Offenheit und Transparenz fördern, klare Kommunikationswege schaffen und Mechanismen zur Konfliktlösung implementieren. Auf gesellschaftlicher Ebene können Bildung und soziale Programme dazu beitragen, das Bewusstsein für die Bedeutung von Vertrauen zu schärfen, die Entwicklung von Vertrauensgemeinschaften zu unterstützen und eine Kultur der Zusammenarbeit zu stärken.

Insgesamt verdeutlicht die psychologische Analyse, dass das Ergreifen vertrauensbildender Maßnahmen nicht nur eine strategische Notwendigkeit ist, sondern auch tiefgreifende Auswirkungen auf individuelle Wahrnehmungen, soziale Bindungen und den Erfolg von Organisationen hat. Die psychologischen Grundlagen des Ergreifens vertrauensbildender Maßnahmen, basierend auf der sozialen Psychologie, Vertrauensforschung und Organisationspsychologie, zeigen, dass dieses Prinzip auf einer fundierten psychologischen Basis beruht. Die praktische Anwendung erfordert bewusste Bemühungen auf individueller, organisatorischer und gesellschaftlicher Ebene, um eine Kultur des Vertrauens zu schaffen, die Kommunikation fördert, Beziehungen stärkt und den Erfolg von Organisationen sicherstellt.

Konstruktive Kritik üben

Das Äußern konstruktiver Kritik ist eine Kunst, die auf einem feinfühligen Gleichgewicht zwischen Feedback und Empathie basiert. Psychologisch betrachtet beruht die Wirksamkeit konstruktiver Kritik auf verschiedenen Aspekten, die von der sozialen Psychologie, Kommunikationsforschung und Führungspsychologie beleuchtet werden. Diese umfassende Zusammenfassung wird die psychologischen Grundlagen des Äußerns konstruktiver Kritik erforschen, ihre Bedeutung und Wirksamkeit analysieren, praktische Anwendungen erkunden und mögliche Herausforderungen aufzeigen. Dabei wird ein tiefer Einblick in die psychologischen Prinzipien gewährt, die dieses Prinzip so wirkungsvoll machen.

In der sozialen Psychologie spielt konstruktive Kritik eine zentrale Rolle bei der Entwicklung von zwischenmenschlichen Beziehungen. Psychologisch betrachtet trägt konstruktive Kritik dazu bei, Missverständnisse zu klären, das Verständnis zu vertiefen und Veränderungen in Verhalten und Einstellungen anzuregen. Die psychologischen Grundlagen in der sozialen Psychologie betonen, dass konstruktive Kritik auf einem respektvollen Austausch von Meinungen basiert, der das Selbstwertgefühl stärkt und das Wachstum fördert.

In der Kommunikationsforschung wird die Bedeutung von konstruktiver Kritik für effektive Kommunikation und Kooperation untersucht. Psychologisch betrachtet fördert konstruktive Kritik eine offene Kommunikationskultur, in der Menschen bereit sind, Feedback zu geben und anzunehmen. Die psychologischen Grundlagen in der Kommunikationsforschung betonen, dass die Art und Weise, wie konstruktive Kritik formuliert wird, die Reaktionen und den Erfolg des Feedbacks beeinflusst.

In der Führungspsychologie ist die Fähigkeit, konstruktive Kritik zu äußern, entscheidend für den Erfolg von Führungskräften. Psychologisch betrachtet ermöglicht konstruktive Kritik Führungskräften, Mitarbeiter zu fördern, ihre Leistung zu steigern und eine positive Arbeitsumgebung zu schaffen. Die psychologischen Grundlagen in der Führungspsychologie betonen, dass Führungskräfte, die konstruktive Kritik anwenden, das Vertrauen stärken, die Motivation steigern und die Mitarbeiterbindung fördern.

Die Bedeutung des Äußerns konstruktiver Kritik erstreckt sich über verschiedene Bereiche, von persönlichen Beziehungen und Teamarbeit bis hin zu beruflichem Wachstum und Selbstverbesserung. Psychologisch betrachtet bietet das Äußern konstruktiver Kritik zahlreiche Vorteile, darunter verbesserte Selbstreflexion, gestärkte Beziehungen und eine positive Entwicklung von Fähigkeiten. Die psychologischen Grundlagen zeigen, dass das Äußern konstruktiver Kritik nicht nur ein Werkzeug der Verbesserung ist, sondern auch eine Form der Anerkennung und Wertschätzung darstellt.

Die psychologischen Grundlagen des Äußerns konstruktiver Kritik verdeutlichen, dass dieses Prinzip auf verschiedenen Ebenen positive Auswirkungen haben kann. Psychologisch betrachtet können individuelle Unterschiede in der Wahrnehmung von Kritik, kulturelle Einflüsse und die Beziehungsdynamik die Effektivität dieser Praxis beeinflussen. Das Bewusstsein für mögliche Herausforderungen, wie die Förderung einer offenen Feedbackkultur, den Umgang mit emotionalen Reaktionen und die Entwicklung von konstruktiven Gesprächsfähigkeiten, ist entscheidend, um gezielte Strategien zum Äußern konstruktiver Kritik zu entwickeln.

Strategien zum Äußern konstruktiver Kritik können auf individueller, organisatorischer und gesellschaftlicher Ebene ansetzen. Psychologisch betrachtet erfordert das Äußern konstruktiver Kritik auf individueller Ebene die Fähigkeit, Empathie zu zeigen, klare Kommunikationswege zu schaffen und auf konkrete Beispiele zu verweisen. Auf organisatorischer Ebene können Unternehmen eine Kultur der konstruktiven Kritik fördern, Schulungen zur Verbesserung der Feedbackkompetenz anbieten und Mechanismen zur Konfliktlösung implementieren. Auf gesellschaftlicher Ebene können Bildung und Kommunikationsprogramme dazu beitragen, das Bewusstsein für die Bedeutung von konstruktiver Kritik zu schärfen, die Entwicklung von Kommunikationsfähigkeiten zu unterstützen und eine Kultur des Lernens und Wachstums zu stärken.

Insgesamt verdeutlicht die psychologische Analyse, dass das Äußern konstruktiver Kritik nicht nur eine notwendige Praxis ist, sondern auch tiefgreifende Auswirkungen auf individuelle Wahrnehmungen, soziale Bindungen und den Erfolg von Teams und Organisationen hat. Die psychologischen Grundlagen des Äußerns konstruktiver Kritik, basierend auf der sozialen Psychologie, Kommunikationsforschung und Führungspsychologie, zeigen, dass dieses Prinzip auf einer fundierten psychologischen Basis beruht. Die praktische Anwendung erfordert bewusste Bemühungen auf individueller, organisatorischer und gesellschaftlicher Ebene, um eine Kultur der konstruktiven Kritik zu schaffen, die persönliches und berufliches Wachstum fördert und zu einer positiven Entwicklung von Menschen und Organisationen beiträgt.

Gemeinsame Geschichten teilen

Das Teilen einer gemeinsamen Geschichte ist eine mächtige Form des sozialen Zusammenhalts, die auf gemeinsamen Erlebnissen, Werten und Identitäten basiert. Psychologisch betrachtet beruht die Wirksamkeit des Teilens einer gemeinsamen Geschichte auf verschiedenen Aspekten, die von der sozialen Psychologie, Identitätsforschung und Narrationswissenschaft beleuchtet werden. Diese umfassende Zusammenfassung wird die psychologischen Grundlagen des Teilens einer gemeinsamen Geschichte erforschen, ihre Bedeutung und Wirksamkeit analysieren, praktische Anwendungen erkunden und mögliche Herausforderungen aufzeigen. Dabei wird ein tiefer Einblick in die psychologischen Prinzipien gewährt, die diese Praxis so wirkungsvoll machen.

In der sozialen Psychologie spielt das Teilen einer gemeinsamen Geschichte eine entscheidende Rolle bei der Bildung und Aufrechterhaltung sozialer Gruppen. Psychologisch betrachtet schafft das Erzählen und Teilen von Geschichten eine gemeinsame Basis für soziale Identität, Zusammengehörigkeitsgefühl und Gemeinschaftssinn. Die psychologischen Grundlagen in der sozialen Psychologie betonen, dass das Teilen einer gemeinsamen Geschichte die individuelle Wahrnehmung beeinflusst, Gruppenbindungen stärkt und das Gefühl der Zugehörigkeit intensiviert.

In der Identitätsforschung wird die Bedeutung von gemeinsamen Geschichten für die Entwicklung und Aufrechterhaltung von Identitäten untersucht. Psychologisch betrachtet spielen geteilte Geschichten eine entscheidende Rolle bei der Konstruktion von persönlichen und kollektiven Identitäten. Die psychologischen Grundlagen in der Identitätsforschung betonen, dass das Teilen einer gemeinsamen Geschichte dazu beiträgt, ein Gefühl der Kontinuität, Bedeutung und Verbindung zu schaffen.

In der Narrationswissenschaft wird die Struktur und Funktion von Geschichten erforscht, um zu verstehen, wie sie Sinn und Bedeutung vermitteln. Psychologisch betrachtet beeinflussen

Geschichten die Wahrnehmung von Ereignissen, prägen Erinnerungen und beeinflussen das Verhalten. Die psychologischen Grundlagen in der Narrationswissenschaft betonen, dass das Erzählen und Teilen von Geschichten nicht nur eine kulturelle Praxis ist, sondern auch eine grundlegende menschliche Neigung, Bedeutung zu konstruieren und Erfahrungen zu vermitteln.

Die Bedeutung des Teilens einer gemeinsamen Geschichte erstreckt sich über verschiedene Bereiche, von kulturellen Gemeinschaften und Familien bis hin zu Organisationen und Nationen. Psychologisch betrachtet bietet das Teilen einer gemeinsamen Geschichte zahlreiche Vorteile, darunter gestärkte soziale Bindungen, ein Gefühl der Identität und eine geteilte Perspektive auf die Welt. Die psychologischen Grundlagen zeigen, dass das Teilen einer gemeinsamen Geschichte nicht nur eine Möglichkeit ist, Vergangenes zu bewahren, sondern auch eine aktive Konstruktion von Identitäten und sozialen Verbindungen ermöglicht.

Die psychologischen Grundlagen des Teilens einer gemeinsamen Geschichte verdeutlichen, dass diese Praxis auf verschiedenen Ebenen positive Auswirkungen haben kann. Psychologisch betrachtet können individuelle Unterschiede in der Wahrnehmung von Geschichten, kulturelle Einflüsse und die Art der Geschichtenerzählung die Effektivität dieser Praxis beeinflussen. Das Bewusstsein für mögliche Herausforderungen, wie die Anerkennung unterschiedlicher Perspektiven, den Umgang mit Konflikten in der Geschichte und die Förderung einer inklusiven Erzählkultur, ist entscheidend, um gezielte Strategien zum Teilen einer gemeinsamen Geschichte zu entwickeln.

Strategien zum Teilen einer gemeinsamen Geschichte können auf individueller, organisatorischer und gesellschaftlicher Ebene ansetzen. Psychologisch betrachtet erfordert das Teilen einer gemeinsamen Geschichte auf individueller Ebene die Bereitschaft, zuzuhören, Empathie zu zeigen und die Vielfalt von Perspektiven zu respektieren. Auf organisatorischer Ebene können Institutionen

Geschichtenerzählungen fördern, die Vielfalt repräsentieren, kulturelle Sensibilität fördern und eine offene Dialogkultur schaffen. Auf gesellschaftlicher Ebene können Bildung und kulturelle Programme dazu beitragen, das Bewusstsein für verschiedene Geschichten zu schärfen, den Dialog zwischen Gemeinschaften zu fördern und eine gemeinsame kulturelle Identität zu stärken.

Insgesamt verdeutlicht die psychologische Analyse, dass das Teilen einer gemeinsamen Geschichte nicht nur eine kulturelle Praxis ist, sondern auch tiefgreifende Auswirkungen auf individuelle Wahrnehmungen, soziale Bindungen und die Konstruktion von Identitäten hat. Die psychologischen Grundlagen des Teilens einer gemeinsamen Geschichte, basierend auf der sozialen Psychologie, Identitätsforschung und Narrationswissenschaft, zeigen, dass diese Praxis auf einer fundierten psychologischen Basis beruht. Die praktische Anwendung erfordert bewusste Bemühungen auf individueller, organisatorischer und gesellschaftlicher Ebene, um eine Kultur des Geschichtenerzählens zu schaffen, die Verbindungen stärkt, Vielfalt würdigt und das Verständnis zwischen Menschen und Gruppen fördert.

Gemeinsame Freude betonen

Das Hervorheben gemeinsamer Freude ist eine kraftvolle Form des sozialen Miteinanders, die auf der gemeinsamen Feier von Erfolgen, positiven Momenten und kollektiven Glücksmomenten basiert. Psychologisch betrachtet beruht die Wirksamkeit des Hervorhebens gemeinsamer Freude auf verschiedenen Aspekten, die von der positiven Psychologie, Emotionsforschung und Sozialpsychologie beleuchtet werden. Diese umfassende Zusammenfassung wird die psychologischen Grundlagen des Hervorhebens gemeinsamer Freude erforschen, ihre Bedeutung und Wirksamkeit analysieren, praktische Anwendungen erkunden und mögliche Herausforderungen aufzeigen. Dabei wird ein tiefer Einblick in die psychologischen Prinzipien gewährt, die diese Praxis so wirkungsvoll machen.

In der positiven Psychologie spielt das Hervorheben gemeinsamer Freude eine zentrale Rolle bei der Förderung von Wohlbefinden, positiven Emotionen und zwischenmenschlichen Beziehungen. Psychologisch betrachtet trägt das Teilen und Betonen positiver Ereignisse dazu bei, eine optimistische Perspektive zu entwickeln und das allgemeine Glücksniveau zu steigern. Die psychologischen Grundlagen in der positiven Psychologie betonen, dass das Hervorheben gemeinsamer Freude nicht nur eine Momentaufnahme des Glücks ist, sondern auch langfristige Auswirkungen auf das psychische Wohlbefinden und die Resilienz hat.

In der Emotionsforschung wird die Bedeutung positiver Emotionen für das menschliche Erleben und Verhalten untersucht. Psychologisch betrachtet fördert das Hervorheben gemeinsamer Freude die Freisetzung von Neurotransmittern wie Dopamin und Oxytocin, die mit Glücksgefühlen und sozialer Bindung verbunden sind. Die psychologischen Grundlagen in der Emotionsforschung betonen, dass positive Emotionen nicht nur individuelles Wohlbefinden fördern, sondern auch soziale Verbindungen stärken und den Zusammenhalt in Gruppen intensivieren.

In der Sozialpsychologie wird die Dynamik von sozialen Gruppen und das Verhalten in sozialen Kontexten erforscht. Psychologisch betrachtet trägt das Hervorheben gemeinsamer Freude zur Schaffung einer positiven sozialen Atmosphäre bei, die Kooperation, Empathie und soziale Unterstützung fördert. Die psychologischen Grundlagen in der Sozialpsychologie betonen, dass das Teilen positiver Emotionen die soziale Bindung stärkt, Konflikte reduziert und das soziale Miteinander verbessert.

Die Bedeutung des Hervorhebens gemeinsamer Freude erstreckt sich über verschiedene Lebensbereiche, von persönlichen Beziehungen und Familien bis hin zu Arbeitsumgebungen und gesellschaftlichen Strukturen. Psychologisch betrachtet bietet das Hervorheben gemeinsamer Freude zahlreiche Vorteile, darunter gestärkte zwischenmenschliche Beziehungen, erhöhte Motivation und ein verbessertes allgemeines Wohlbefinden. Die psychologischen Grundlagen zeigen, dass das Hervorheben gemeinsamer Freude nicht nur eine angenehme soziale Praxis ist, sondern auch tiefgreifende Auswirkungen auf die psychische Gesundheit, die Lebenszufriedenheit und die positive Entwicklung von Individuen und Gruppen hat.

Die psychologischen Grundlagen des Hervorhebens gemeinsamer Freude verdeutlichen, dass diese Praxis auf verschiedenen Ebenen positive Auswirkungen haben kann. Psychologisch betrachtet können individuelle Unterschiede in der Wahrnehmung von Freude, kulturelle Einflüsse und die Art der Freudebetonung die Effektivität dieser Praxis beeinflussen. Das Bewusstsein für mögliche Herausforderungen, wie die Anerkennung unterschiedlicher Arten von Freude, den Umgang mit Neid oder Eifersucht und die Förderung einer Kultur der Großzügigkeit, ist entscheidend, um gezielte Strategien zum Hervorheben gemeinsamer Freude zu entwickeln.

Strategien zum Hervorheben gemeinsamer Freude können auf individueller, organisatorischer und gesellschaftlicher Ebene ansetzen. Psychologisch betrachtet erfordert das Hervorheben gemeinsamer Freude auf individueller Ebene die Fähigkeit, sich für die Erfolge anderer zu freuen, Dankbarkeit zu praktizieren und positive Emotionen zu teilen. Auf organisatorischer Ebene können Unternehmen eine Kultur des Feierns von Erfolgen fördern, regelmäßige Anerkennungsprogramme implementieren und gemeinsame Aktivitäten organisieren. Auf gesellschaftlicher Ebene können Bildung und Medien dazu beitragen, eine positive Erzählkultur zu schaffen, die positive Beispiele betont und das Bewusstsein für die Bedeutung von gemeinsamer Freude schärft.

Insgesamt verdeutlicht die psychologische Analyse, dass das Hervorheben gemeinsamer Freude nicht nur eine angenehme soziale Praxis ist, sondern auch tiefgreifende Auswirkungen auf individuelle Wahrnehmungen, soziale Bindungen und das allgemeine Wohlbefinden hat. Die psychologischen Grundlagen des Hervorhebens gemeinsamer Freude, basierend auf der positiven Psychologie, Emotionsforschung und Sozialpsychologie, zeigen, dass diese Praxis auf einer fundierten psychologischen Basis beruht. Die praktische Anwendung erfordert bewusste Bemühungen auf individueller, organisatorischer und gesellschaftlicher Ebene, um eine Kultur der positiven Emotionen, des Miteinanders und der gemeinsamen Freude zu schaffen, die das Wohlbefinden und die Lebensqualität von Menschen auf vielfältige Weise verbessert.

Positiven Gruppendruck nutzen

Die Nutzung positiven Gruppendrucks ist eine facettenreiche soziale Dynamik, die auf der Beeinflussung individuellen Verhaltens durch die positive Erwartung und Unterstützung innerhalb einer Gruppe basiert. Psychologisch betrachtet greift der positive Gruppendruck auf verschiedene Prinzipien der sozialen Psychologie, der Gruppendynamik und der Motivationsforschung zurück. Diese umfassende Zusammenfassung wird die psychologischen Grundlagen des positiven Gruppendrucks erforschen, seine Bedeutung und Wirksamkeit analysieren, praktische Anwendungen erkunden und mögliche Herausforderungen aufzeigen. Dabei wird ein tiefer Einblick in die psychologischen Prinzipien gewährt, die diese soziale Dynamik so wirkungsvoll machen.

In der sozialen Psychologie spielt der positive Gruppendruck eine zentrale Rolle bei der Beeinflussung individuellen Verhaltens durch die soziale Umgebung. Psychologisch betrachtet basiert dieser Effekt auf Konzepten wie sozialer Normen, sozialem Vergleich und sozialem Lernen. Die psychologischen Grundlagen in der sozialen Psychologie betonen, dass Menschen dazu neigen, sich an sozialen Erwartungen zu orientieren und ihr Verhalten an den Normen ihrer Gruppen auszurichten.

Die Gruppendynamik erforscht das Verhalten von Individuen innerhalb von Gruppen und die Wechselwirkungen zwischen Gruppenmitgliedern. Psychologisch betrachtet beeinflusst der positive Gruppendruck die Gruppenkohäsion, das Gruppenklima und die individuelle Motivation. Die psychologischen Grundlagen in der Gruppendynamik betonen, dass positive Erwartungen und Unterstützung innerhalb der Gruppe das individuelle Engagement fördern und die Gruppenleistung verbessern können.

In der Motivationsforschung wird die Anregung und Steuerung von Verhalten untersucht. Psychologisch betrachtet trägt der positive Gruppendruck zur Motivation bei, indem er intrinsische und extrinsische Anreize schafft. Die psychologischen Grundlagen in der

Motivationsforschung betonen, dass die positive Wahrnehmung und Unterstützung durch die Gruppe das Streben nach gemeinsamen Zielen und individuellen Erfolgen stärken können.

Die Bedeutung des positiven Gruppendrucks erstreckt sich über verschiedene Kontexte, von Bildungseinrichtungen und Arbeitsumgebungen bis hin zu sozialen Gruppen und Gemeinschaften. Psychologisch betrachtet bietet der positive Gruppendruck zahlreiche Vorteile, darunter gestärkte individuelle Motivation, erhöhte Produktivität und eine positive Gruppenkultur. Die psychologischen Grundlagen zeigen, dass der positive Gruppendruck nicht nur ein Mittel zur Anpassung an soziale Normen ist, sondern auch eine Quelle der Unterstützung, Inspiration und Empowerment für Individuen innerhalb einer Gruppe.

Die psychologischen Grundlagen des positiven Gruppendrucks verdeutlichen, dass diese soziale Dynamik auf verschiedenen Ebenen positive Auswirkungen haben kann. Psychologisch betrachtet können individuelle Unterschiede in der Reaktion auf sozialen Druck, die Art der Gruppenstruktur und die Qualität der zwischenmenschlichen Beziehungen die Effektivität des positiven Gruppendrucks beeinflussen. Das Bewusstsein für mögliche Herausforderungen, wie den Umgang mit unterschiedlichen Erwartungen innerhalb der Gruppe, das Gleichgewicht zwischen positivem Druck und individueller Autonomie und die Förderung einer unterstützenden Gruppenkultur, ist entscheidend, um gezielte Strategien zur Nutzung positiven Gruppendrucks zu entwickeln.

Strategien zur Nutzung positiven Gruppendrucks können auf individueller, organisatorischer und gesellschaftlicher Ebene ansetzen. Psychologisch betrachtet erfordert die individuelle Nutzung positiven Gruppendrucks die Fähigkeit, positive Beziehungen innerhalb der Gruppe aufzubauen, Vertrauen zu schaffen und die individuelle Motivation zu stärken. Auf organisatorischer Ebene können Unternehmen eine positive Unternehmenskultur fördern, die auf gegenseitiger Unterstützung,

Anerkennung und gemeinsamen Zielen basiert. Auf gesellschaftlicher Ebene können Bildungseinrichtungen und Gemeinschaftsprogramme eine positive Gruppenkultur fördern, die individuelles Wachstum, soziales Engagement und kollektive Verantwortung unterstützt.

Insgesamt verdeutlicht die psychologische Analyse, dass die Nutzung positiven Gruppendrucks nicht nur eine soziale Norm ist, sondern auch tiefgreifende Auswirkungen auf individuelles Verhalten, Gruppendynamik und Leistung hat. Die psychologischen Grundlagen des positiven Gruppendrucks, basierend auf der sozialen Psychologie, Gruppendynamik und Motivationsforschung, zeigen, dass diese Dynamik auf einer fundierten psychologischen Basis beruht. Die praktische Anwendung erfordert bewusste Bemühungen auf individueller, organisatorischer und gesellschaftlicher Ebene, um eine Kultur des positiven Gruppendrucks zu schaffen, die die Motivation, das Engagement und die gemeinsamen Erfolge innerhalb von Gruppen fördert.

Gemeinsame Entscheidungen treffen

Das gemeinsame Treffen von Entscheidungen ist ein komplexer sozialer Prozess, der auf der Zusammenarbeit und Abstimmung mehrerer Personen basiert. Psychologisch betrachtet greift die gemeinsame Entscheidungsfindung auf verschiedene Prinzipien der sozialen Psychologie, der Entscheidungstheorie und der Gruppendynamik zurück. Diese umfassende Zusammenfassung wird die psychologischen Grundlagen der gemeinsamen Entscheidungsfindung erforschen, ihre Bedeutung und Wirksamkeit analysieren, praktische Anwendungen erkunden und mögliche Herausforderungen aufzeigen. Dabei wird ein tiefer Einblick in die psychologischen Prinzipien gewährt, die diesen Prozess so wirkungsvoll machen.

In der sozialen Psychologie spielt die gemeinsame Entscheidungsfindung eine entscheidende Rolle bei der Untersuchung von Gruppenverhalten, Kooperation und sozialer Einflussnahme. Psychologisch betrachtet basiert dieser Prozess auf Konzepten wie sozialem Konsens, sozialer Identität und Gruppenkohäsion. Die psychologischen Grundlagen in der sozialen Psychologie betonen, dass Menschen in Gruppen dazu neigen, sich auf gemeinsame Entscheidungen zu einigen, um soziale Bindungen zu stärken und eine gemeinsame Identität zu fördern.

Die Entscheidungstheorie erforscht, wie Menschen Entscheidungen treffen und welche Faktoren ihre Wahl beeinflussen. Psychologisch betrachtet spielen bei der gemeinsamen Entscheidungsfindung Aspekte wie Gruppendenken, soziale Normen und individuelle Präferenzen eine Rolle. Die psychologischen Grundlagen in der Entscheidungstheorie betonen, dass Gruppen oft eine Tendenz zu Konsens und Übereinstimmung zeigen, während individuelle Meinungen und Vielfalt innerhalb der Gruppe beeinflusst werden können.

Die Gruppendynamik untersucht das Verhalten von Individuen innerhalb von Gruppen und die Wechselwirkungen zwischen Gruppenmitgliedern. Psychologisch betrachtet beeinflusst die gemeinsame Entscheidungsfindung die Gruppenkohäsion, das Gruppenklima und die individuelle Motivation. Die psychologischen Grundlagen in der Gruppendynamik betonen, dass gemeinsame Entscheidungen das Gefühl der Zugehörigkeit stärken können und die Zusammenarbeit innerhalb der Gruppe fördern.

Die Bedeutung der gemeinsamen Entscheidungsfindung erstreckt sich über verschiedene Kontexte, von Familie und Freundschaften bis hin zu beruflichen Umgebungen und politischen Gruppen. Psychologisch betrachtet bietet die gemeinsame Entscheidungsfindung zahlreiche Vorteile, darunter eine breitere Perspektive, verbesserte Akzeptanz von Entscheidungen und gestärkte soziale Bindungen. Die psychologischen Grundlagen zeigen, dass die gemeinsame Entscheidungsfindung nicht nur eine Methode zur Konfliktlösung ist, sondern auch das Wohlbefinden der Individuen und die Effizienz von Gruppen beeinflussen kann.

Die psychologischen Grundlagen der gemeinsamen Entscheidungsfindung verdeutlichen, dass dieser Prozess auf verschiedenen Ebenen positive Auswirkungen haben kann. Psychologisch betrachtet können individuelle Unterschiede in der Kommunikation, die Dynamik innerhalb der Gruppe und externe Einflüsse die Effektivität der gemeinsamen Entscheidungsfindung beeinflussen. Das Bewusstsein für mögliche Herausforderungen, wie die Bewältigung von Konflikten, die Förderung einer offenen Kommunikation und die Integration unterschiedlicher Perspektiven, ist entscheidend, um gezielte Strategien für die gemeinsame Entscheidungsfindung zu entwickeln.

Strategien zur gemeinsamen Entscheidungsfindung können auf individueller, organisatorischer und gesellschaftlicher Ebene ansetzen. Psychologisch betrachtet erfordert die individuelle Beteiligung an gemeinsamen Entscheidungen die Fähigkeit, aktiv zuzuhören, Perspektiven zu teilen und flexibel auf verschiedene Meinungen zu reagieren. Auf organisatorischer Ebene können Unternehmen partizipative Entscheidungsprozesse fördern, klare Kommunikationskanäle schaffen und Schulungen zur

Konfliktbewältigung anbieten. Auf gesellschaftlicher Ebene können partizipative Entscheidungsmechanismen in politischen Strukturen implementiert werden, um die Beteiligung der Bürger zu fördern und eine demokratische Entscheidungsfindung zu unterstützen.

Insgesamt verdeutlicht die psychologische Analyse, dass die gemeinsame Entscheidungsfindung nicht nur ein Mittel zur Lösung von Meinungsverschiedenheiten ist, sondern auch tiefgreifende Auswirkungen auf individuelle Autonomie, soziale Bindungen und die Leistung von Gruppen hat. Die psychologischen Grundlagen der gemeinsamen Entscheidungsfindung, basierend auf der sozialen Psychologie, Entscheidungstheorie und Gruppendynamik, zeigen, dass dieser Prozess auf einer fundierten psychologischen Basis beruht. Die praktische Anwendung erfordert bewusste Bemühungen auf individueller, organisatorischer und gesellschaftlicher Ebene, um eine Kultur der offenen Kommunikation, der Zusammenarbeit und der gemeinsamen Entscheidungsfindung zu schaffen, die die individuelle Autonomie respektiert und das kollektive Wohlbefinden fördert.

Einbindung in Entscheidungsprozesse ermöglichen

Die Einbindung in Entscheidungsprozesse ist ein kritischer Aspekt in der Dynamik von Gruppen und Organisationen. Psychologisch betrachtet greift die Möglichkeit der Einbindung auf verschiedene Prinzipien der sozialen Psychologie, der Führungsforschung und der Organisationspsychologie zurück. Diese umfassende Zusammenfassung wird die psychologischen Grundlagen der Einbindung in Entscheidungsprozesse erforschen, ihre Bedeutung und Wirksamkeit analysieren, praktische Anwendungen erkunden und mögliche Herausforderungen aufzeigen. Dabei wird ein tiefer Einblick in die psychologischen Prinzipien gewährt, die diesen Prozess so wirkungsvoll machen.

In der sozialen Psychologie spielt die Einbindung in Entscheidungsprozesse eine zentrale Rolle bei der Betrachtung von Machtverhältnissen, sozialer Identität und Zufriedenheit innerhalb von Gruppen. Psychologisch betrachtet basiert dieser Prozess auf Konzepten wie sozialer Gerechtigkeit, Selbstbestimmung und sozialem Einfluss. Die psychologischen Grundlagen in der sozialen Psychologie betonen, dass Menschen eine größere Zufriedenheit und Bindung erfahren, wenn sie das Gefühl haben, in Entscheidungen einbezogen zu sein und Einfluss nehmen zu können.

Die Führungsforschung untersucht die verschiedenen Stile und Methoden der Führung in Organisationen. Psychologisch betrachtet trägt die Einbindung in Entscheidungsprozesse zu einem partizipativen Führungsstil bei, der auf Empowerment, Teamarbeit und gemeinsamer Verantwortung basiert. Die psychologischen Grundlagen in der Führungsforschung betonen, dass Führungskräfte, die ihre Teammitglieder in Entscheidungsprozesse einbinden, eine höhere Mitarbeiterzufriedenheit und -motivation erleben können.

Die Organisationspsychologie erforscht das Verhalten von Individuen in organisatorischen Kontexten und die Strukturen von Organisationen. Psychologisch betrachtet beeinflusst die

Einbindung in Entscheidungsprozesse die Organisationskultur, die Mitarbeiterbindung und die Effizienz von Arbeitsprozessen. Die psychologischen Grundlagen in der Organisationspsychologie betonen, dass Organisationen, die die Einbindung fördern, eine stärkere Mitarbeiterbindung und -loyalität erleben können.

Die Bedeutung der Einbindung in Entscheidungsprozesse erstreckt sich über verschiedene Ebenen, von kleinen Arbeitsgruppen bis hin zu großen Organisationen. Psychologisch betrachtet bietet die Einbindung zahlreiche Vorteile, darunter gesteigerte Mitarbeitermotivation, verbesserte Teamarbeit und eine positive Organisationskultur. Die psychologischen Grundlagen zeigen, dass die Einbindung nicht nur eine Frage der Partizipation ist, sondern auch das Vertrauen der Mitarbeiter in die Organisation stärkt und ihre Bindung an die gemeinsamen Ziele fördert.

Die psychologischen Grundlagen der Einbindung in Entscheidungsprozesse verdeutlichen, dass dieser Prozess auf verschiedenen Ebenen positive Auswirkungen haben kann. Psychologisch betrachtet können individuelle Unterschiede in der Motivation, die Kommunikation innerhalb der Organisation und die Qualität der Führung die Effektivität der Einbindung beeinflussen. Das Bewusstsein für mögliche Herausforderungen, wie die Bewältigung von Konflikten, die Balance zwischen Einbindung und Effizienz und die Förderung einer offenen Kommunikation, ist entscheidend, um gezielte Strategien für die Einbindung in Entscheidungsprozesse zu entwickeln.

Strategien zur Einbindung in Entscheidungsprozesse können auf individueller, organisatorischer und gesellschaftlicher Ebene ansetzen. Psychologisch betrachtet erfordert die individuelle Einbindung das Bewusstsein der Führungskräfte für die Bedürfnisse und Perspektiven ihrer Mitarbeiter, klare Kommunikation und die Bereitschaft, Feedback zu akzeptieren. Auf organisatorischer Ebene können Unternehmen partizipative Entscheidungsprozesse fördern, Schulungen zur Entwicklung von Führungskräften anbieten und eine offene Organisationskultur schaffen. Auf gesellschaftlicher Ebene können gesetzliche

Rahmenbedingungen geschaffen werden, um die Einbindung der Bürger in Entscheidungsprozesse auf politischer Ebene zu fördern.

Insgesamt verdeutlicht die psychologische Analyse, dass die Einbindung in Entscheidungsprozesse nicht nur eine Managementpraxis ist, sondern auch tiefgreifende Auswirkungen auf die individuelle Arbeitszufriedenheit, das Organisationsklima und die Gesamtleistung von Gruppen und Organisationen hat. Die psychologischen Grundlagen der Einbindung in Entscheidungsprozesse, basierend auf der sozialen Psychologie, Führungsforschung und Organisationspsychologie, zeigen, dass dieser Prozess auf einer fundierten psychologischen Basis beruht. Die praktische Anwendung erfordert bewusste Bemühungen auf individueller, organisatorischer und gesellschaftlicher Ebene, um eine Kultur der Einbindung zu schaffen, die die Autonomie und Motivation der Mitarbeiter respektiert und die Zusammenarbeit innerhalb von Gruppen und Organisationen stärkt.

Unterstützung anbieten

Die Bereitstellung von Unterstützung ist ein zentraler Aspekt menschlicher Interaktionen und zwischenmenschlicher Beziehungen. Psychologisch betrachtet greift die Fähigkeit zur Unterstützung auf verschiedene Prinzipien der sozialen Psychologie, der Emotionsforschung und der zwischenmenschlichen Kommunikation zurück. Diese umfassende Zusammenfassung wird die psychologischen Grundlagen der Unterstützungsbereitstellung erforschen, ihre Bedeutung und Wirksamkeit analysieren, praktische Anwendungen erkunden und mögliche Herausforderungen aufzeigen. Dabei wird ein tiefer Einblick in die psychologischen Prinzipien gewährt, die diesen Prozess so wirkungsvoll machen.

In der sozialen Psychologie spielt die Unterstützungsbereitstellung eine Schlüsselrolle bei der Untersuchung von Empathie, sozialer Verantwortung und zwischenmenschlichen Beziehungen. Psychologisch betrachtet basiert dieser Prozess auf Konzepten wie sozialer Unterstützung, altruistischem Verhalten und der Bedeutung von Beziehungen. Die psychologischen Grundlagen in der sozialen Psychologie betonen, dass Menschen dazu neigen, soziale Unterstützung zu suchen und anzubieten, um ihre emotionalen Bedürfnisse zu erfüllen und soziale Bindungen zu stärken.

Die Emotionsforschung erforscht die Natur und Wirkung von Emotionen auf das menschliche Verhalten. Psychologisch betrachtet spielt die Unterstützungsbereitstellung eine entscheidende Rolle bei der emotionalen Regulierung, der Empathie und der Förderung positiver Emotionen. Die psychologischen Grundlagen in der Emotionsforschung betonen, dass die Bereitstellung von Unterstützung nicht nur dem Empfänger zugutekommt, sondern auch positive emotionale Reaktionen beim Gebenden auslösen kann.

Die zwischenmenschliche Kommunikation untersucht die verschiedenen Aspekte der Kommunikation zwischen Individuen. Psychologisch betrachtet ist die Art und Weise, wie Unterstützung ausgedrückt wird, entscheidend für ihre Wirksamkeit. Die psychologischen Grundlagen in der zwischenmenschlichen Kommunikation betonen, dass empathische Kommunikation, aktives Zuhören und die Bereitschaft, Bedürfnisse zu verstehen, Schlüsselelemente sind, um effektiv Unterstützung anzubieten.

Die Bedeutung der Unterstützungsbereitstellung erstreckt sich über verschiedene Lebensbereiche, von persönlichen Beziehungen bis hin zu beruflichen Kontexten und gesellschaftlichen Strukturen. Psychologisch betrachtet bietet die Bereitstellung von Unterstützung zahlreiche Vorteile, darunter gestärkte zwischenmenschliche Beziehungen, verbesserte emotionale Gesundheit und eine positive soziale Dynamik. Die psychologischen Grundlagen zeigen, dass die Bereitstellung von Unterstützung nicht nur ein Akt der Hilfsbereitschaft ist, sondern auch tiefgreifende Auswirkungen auf das Wohlbefinden von Einzelpersonen und die Gesamtheit von Gemeinschaften haben kann.

Die psychologischen Grundlagen der Unterstützungsbereitstellung verdeutlichen, dass dieser Prozess auf verschiedenen Ebenen positive Auswirkungen haben kann. Psychologisch betrachtet können individuelle Unterschiede in der Wahrnehmung von Unterstützung, die Qualität zwischenmenschlicher Beziehungen und externe Einflüsse die Effektivität der Unterstützungsbereitstellung beeinflussen. Das Bewusstsein für mögliche Herausforderungen, wie die Bewältigung von Empathie-Erschöpfung, die Anerkennung individueller Bedürfnisse und die Förderung einer unterstützenden Umgebung, ist entscheidend, um gezielte Strategien für die Bereitstellung von Unterstützung zu entwickeln.

Strategien zur Unterstützungsbereitstellung können auf individueller, organisatorischer und gesellschaftlicher Ebene ansetzen. Psychologisch betrachtet erfordert die individuelle Bereitstellung von Unterstützung die Fähigkeit zur Empathie, die Bereitschaft zur Kommunikation und die Sensibilität gegenüber den Bedürfnissen anderer. Auf organisatorischer Ebene können

Unternehmen unterstützende Arbeitsumgebungen schaffen, Ressourcen für Mitarbeiterwohlbefinden bereitstellen und Schulungen zur Förderung von Empathie und zwischenmenschlicher Kommunikation anbieten. Auf gesellschaftlicher Ebene können soziale Programme und politische Maßnahmen darauf abzielen, unterstützende Strukturen in Gemeinschaften zu etablieren und das Bewusstsein für die Bedeutung von Unterstützung zu fördern.

Insgesamt verdeutlicht die psychologische Analyse, dass die Bereitstellung von Unterstützung nicht nur eine soziale Norm ist, sondern auch tiefgreifende Auswirkungen auf individuelle psychische Gesundheit, soziale Zusammengehörigkeit und die gesamte soziale Struktur hat. Die psychologischen Grundlagen der Unterstützungsbereitstellung, basierend auf der sozialen Psychologie, Emotionsforschung und zwischenmenschlichen Kommunikation, zeigen, dass dieser Prozess auf einer fundierten psychologischen Basis beruht. Die praktische Anwendung erfordert bewusste Bemühungen auf individueller, organisatorischer und gesellschaftlicher Ebene, um eine Kultur der Unterstützung zu schaffen, die die Bedürfnisse der Menschen respektiert, Empathie fördert und die psychische Gesundheit und das Wohlbefinden in der Gesellschaft stärkt.

Autonomie respektieren

Die Achtung der Autonomie ist ein zentraler Aspekt menschlicher Beziehungen und sozialer Interaktionen. Psychologisch betrachtet greift die Achtung der Autonomie auf verschiedene Prinzipien der Persönlichkeitspsychologie, der Motivationsforschung und der sozialen Psychologie zurück. Diese umfassende Zusammenfassung wird die psychologischen Grundlagen der Achtung der Autonomie erforschen, ihre Bedeutung und Auswirkungen analysieren, praktische Anwendungen erkunden und mögliche Herausforderungen aufzeigen. Dabei wird ein tiefgehender Einblick in die psychologischen Prinzipien gewährt, die diesen Prozess so wirkungsvoll machen.

Die Persönlichkeitspsychologie untersucht die verschiedenen Aspekte der menschlichen Persönlichkeit und individuellen Unterschiede. Psychologisch betrachtet ist die Achtung der Autonomie eng mit Konzepten wie Selbstbestimmung und persönlicher Identität verbunden. Die psychologischen Grundlagen in der Persönlichkeitspsychologie betonen, dass Menschen ein grundlegendes Bedürfnis nach Selbstbestimmung haben und dass die Achtung der Autonomie wesentlich ist, um die individuelle Entfaltung und Authentizität zu fördern.

Die Motivationsforschung erforscht die Ursachen, Richtungen und Intensitäten des menschlichen Verhaltens. Psychologisch betrachtet spielt die Achtung der Autonomie eine entscheidende Rolle bei der Förderung intrinsischer Motivation und des persönlichen Engagements. Die psychologischen Grundlagen in der Motivationsforschung betonen, dass Menschen eine tiefere Verbindung zu ihren Handlungen und Zielen entwickeln, wenn sie das Gefühl haben, dass ihre Entscheidungen respektiert und unterstützt werden.

Die soziale Psychologie untersucht die Auswirkungen der sozialen Interaktion auf das Verhalten von Individuen. Psychologisch betrachtet ist die Achtung der Autonomie in sozialen Beziehungen entscheidend für das Wohlbefinden, die Zufriedenheit und das zwischenmenschliche Vertrauen. Die psychologischen Grundlagen in der sozialen Psychologie betonen, dass die Achtung der Autonomie eine Grundlage für gesunde Beziehungen und soziale Zusammenarbeit bildet.

Die Bedeutung der Achtung der Autonomie erstreckt sich über verschiedene Lebensbereiche, von persönlichen Beziehungen bis hin zu beruflichen Kontexten und gesellschaftlichen Strukturen. Psychologisch betrachtet bietet die Achtung der Autonomie zahlreiche Vorteile, darunter gestärkte Selbstentfaltung, verbesserte Beziehungen und eine positive soziale Dynamik. Die psychologischen Grundlagen zeigen, dass die Achtung der Autonomie nicht nur ein ethisches Prinzip ist, sondern auch tiefgreifende Auswirkungen auf das Wohlbefinden von Einzelpersonen und die Gesamtheit von Gemeinschaften haben kann.

Die psychologischen Grundlagen der Achtung der Autonomie verdeutlichen, dass dieser Prozess auf verschiedenen Ebenen positive Auswirkungen haben kann. Psychologisch betrachtet können individuelle Unterschiede in der Wahrnehmung von Autonomie, die Qualität zwischenmenschlicher Beziehungen und externe Einflüsse die Effektivität der Achtung der Autonomie beeinflussen. Das Bewusstsein für mögliche Herausforderungen, wie die Balance zwischen individueller Freiheit und sozialen Verpflichtungen, die Berücksichtigung kultureller Unterschiede und die Förderung einer respektvollen Kommunikation, ist entscheidend, um gezielte Strategien für die Achtung der Autonomie zu entwickeln.

Strategien zur Achtung der Autonomie können auf individueller, organisatorischer und gesellschaftlicher Ebene ansetzen. Psychologisch betrachtet erfordert die individuelle Achtung der Autonomie die Fähigkeit zur Empathie, die Bereitschaft zur Kommunikation und die Sensibilität gegenüber den Bedürfnissen anderer. Auf organisatorischer Ebene können Unternehmen eine Kultur der Achtung der Autonomie fördern, die Selbstbestimmung unterstützen und die Mitarbeiter dazu ermutigen, ihre individuellen Stärken zu entfalten. Auf gesellschaftlicher Ebene können Bildungsprogramme und gesetzliche Rahmenbedingungen darauf abzielen, die Achtung der Autonomie als grundlegendes Prinzip in sozialen Strukturen zu etablieren und das Bewusstsein für ihre Bedeutung zu schärfen.

Insgesamt verdeutlicht die psychologische Analyse, dass die Achtung der Autonomie nicht nur eine soziale Norm ist, sondern auch tiefgreifende Auswirkungen auf individuelle Entwicklung, soziale Zusammengehörigkeit und die gesamte soziale Struktur hat. Die psychologischen Grundlagen der Achtung der Autonomie, basierend auf der Persönlichkeitspsychologie, Motivationsforschung und sozialen Psychologie, zeigen, dass dieser Prozess auf einer fundierten psychologischen Basis beruht. Die praktische Anwendung erfordert bewusste Bemühungen auf individueller, organisatorischer und gesellschaftlicher Ebene, um eine Kultur der Achtung der Autonomie zu schaffen, die die individuellen Bedürfnisse respektiert, Selbstbestimmung fördert und das Wohlbefinden in der Gesellschaft stärkt.

Herausforderungen als Wachstumschance darstellen

Psychologisch betrachtet ist die Darstellung von Herausforderungen als Wachstumschance ein komplexer Prozess, der auf verschiedenen psychologischen Prinzipien und Mechanismen basiert. Diese umfassende Zusammenfassung wird die psychologischen Grundlagen der Darstellung von Herausforderungen als Wachstumschance erforschen, ihre Bedeutung und Auswirkungen analysieren, praktische Anwendungen erkunden und mögliche Herausforderungen aufzeigen. Dabei wird ein tiefgehender Einblick in die psychologischen Prinzipien gewährt, die diesen Prozess so wirkungsvoll machen.

Die Forschung im Bereich der positiven Psychologie betont die Bedeutung der Fähigkeit, Herausforderungen als Wachstumschance zu betrachten. Psychologisch betrachtet basiert dies auf der Annahme, dass Menschen, die in der Lage sind, positive Aspekte in herausfordernden Situationen zu erkennen, eine resilientere psychische Gesundheit entwickeln. Die psychologischen Grundlagen der positiven Psychologie zeigen, dass die Neigung zur Fokussierung auf das Potenzial zur persönlichen Entwicklung in schwierigen Zeiten eine adaptive Denkweise fördert.

Die Theorie der Selbstwirksamkeit, entwickelt von Albert Bandura, betont die Überzeugung einer Person, dass sie in der Lage ist, Herausforderungen erfolgreich zu bewältigen. Psychologisch betrachtet spielt die Selbstwirksamkeit eine entscheidende Rolle dabei, wie Menschen Herausforderungen interpretieren und darauf reagieren. Die psychologischen Grundlagen der Selbstwirksamkeit zeigen, dass ein höheres Maß an Selbstvertrauen und der Glaube an die eigene Fähigkeit, mit Schwierigkeiten umzugehen, die Wahrscheinlichkeit erhöht, Herausforderungen als Wachstumschance zu sehen.

Die Kognitive Umstrukturierung, ein Ansatz der kognitiven Verhaltenstherapie, beinhaltet die Änderung negativer Denkmuster und die Förderung positiver Sichtweisen. Psychologisch betrachtet ist die Fähigkeit zur kognitiven Umstrukturierung entscheidend, um Herausforderungen als Gelegenheiten für persönliches Wachstum zu betrachten. Die psychologischen Grundlagen der kognitiven Umstrukturierung zeigen, dass die bewusste Anpassung von Denkweisen und Perspektiven die emotionale Reaktion auf Herausforderungen beeinflusst.

Die Theorie der posttraumatischen Wachstums, entwickelt von Richard Tedeschi und Lawrence Calhoun, betont die Möglichkeit, durch traumatische Erfahrungen persönlich zu wachsen. Psychologisch betrachtet zeigt diese Theorie, dass selbst extreme Herausforderungen positive Veränderungen und persönliche Entwicklung auslösen können. Die psychologischen Grundlagen des posttraumatischen Wachstums verdeutlichen, dass die Bewältigung von Schwierigkeiten nicht nur zu Überleben, sondern auch zu einer gestärkten Persönlichkeit führen kann.

Die Neuroplastizität beschreibt die Fähigkeit des Gehirns, sich anzupassen und zu verändern. Psychologisch betrachtet spielt die Neuroplastizität eine wichtige Rolle bei der Anpassung an neue Herausforderungen und bei der Entwicklung neuer Denkmuster. Die psychologischen Grundlagen der Neuroplastizität zeigen, dass die bewusste Ausrichtung auf Wachstum und Lernen in schwierigen Zeiten die neurologische Flexibilität fördert.

Die Bedeutung der Darstellung von Herausforderungen als Wachstumschance erstreckt sich über verschiedene Lebensbereiche, von persönlichen Herausforderungen bis hin zu beruflichen und gesellschaftlichen Kontexten. Psychologisch betrachtet bietet diese Perspektive zahlreiche Vorteile, darunter die Förderung von Resilienz, die Steigerung der Selbstwirksamkeit und die Entwicklung einer positiven Lebenshaltung. Die psychologischen Grundlagen zeigen, dass die Fähigkeit, Herausforderungen als Wachstumschance zu betrachten, nicht nur das individuelle Wohlbefinden fördert, sondern auch positive

Auswirkungen auf die soziale Dynamik und die kollektive Entwicklung hat.

Die psychologischen Grundlagen der Darstellung von Herausforderungen als Wachstumschance verdeutlichen, dass dieser Prozess auf verschiedenen Ebenen positive Auswirkungen haben kann. Psychologisch betrachtet können individuelle Unterschiede in der Wahrnehmung von Herausforderungen, die Qualität der Unterstützungssysteme und externe Einflüsse die Effektivität dieser Denkweise beeinflussen. Das Bewusstsein für mögliche Herausforderungen, wie die Balance zwischen Realismus und Optimismus, die Identifizierung von Bewältigungsstrategien und die Anerkennung individueller Grenzen, ist entscheidend, um gezielte Strategien für die Darstellung von Herausforderungen als Wachstumschance zu entwickeln.

Strategien zur Darstellung von Herausforderungen als Wachstumschance können auf individueller, organisatorischer und gesellschaftlicher Ebene ansetzen. Psychologisch betrachtet erfordert dies die Förderung einer positiven Denkweise, die bewusste Suche nach Lernmöglichkeiten in schwierigen Situationen und die Entwicklung einer resilienten Haltung. Auf organisatorischer Ebene können Unternehmen eine Kultur fördern, die die individuelle Entwicklung unterstützt, die Mitarbeiter ermutigt, Herausforderungen als Gelegenheiten zu betrachten, und eine offene Kommunikation über Wachstumschancen ermöglicht. Auf gesellschaftlicher Ebene können Bildungsprogramme und gesellschaftliche Normen darauf abzielen, die positive Denkweise in Bezug auf Herausforderungen zu stärken und eine Kultur des kontinuierlichen Wachstums zu fördern.

Insgesamt verdeutlicht die psychologische Analyse, dass die Darstellung von Herausforderungen als Wachstumschance nicht nur eine optimistische Lebenseinstellung ist, sondern auch tiefgreifende Auswirkungen auf individuelle Entwicklung, soziale Zusammengehörigkeit und die gesamte soziale Struktur hat. Die psychologischen Grundlagen dieser Denkweise, basierend auf der positiven Psychologie, der Selbstwirksamkeitstheorie, der kognitiven Umstrukturierung und der Theorie des posttraumatischen Wachstums, zeigen, dass dieser Prozess auf einer fundierten psychologischen Basis beruht. Die praktische Anwendung erfordert bewusste Bemühungen auf individueller, organisatorischer und gesellschaftlicher Ebene, um eine Kultur zu schaffen, die Herausforderungen als Chancen für persönliches Wachstum betrachtet, die individuellen Ressourcen stärkt und eine positive Entwicklung auf verschiedenen Ebenen fördert.

Gemeinsame Herausforderungen bewältigen

Psychologisch betrachtet ist die gemeinsame Bewältigung von Herausforderungen ein tief verwurzelter und bedeutender Prozess, der auf verschiedenen psychologischen Prinzipien basiert. Diese umfassende Zusammenfassung wird die psychologischen Grundlagen der gemeinsamen Bewältigung von Herausforderungen erforschen, ihre Bedeutung und Auswirkungen analysieren, praktische Anwendungen erkunden und mögliche Herausforderungen aufzeigen. Dabei wird ein tiefgehender Einblick in die psychologischen Mechanismen gewährt, die die gemeinsame Bewältigung von Herausforderungen so effektiv machen.

Die psychologische Grundlage der gemeinsamen Bewältigung von Herausforderungen liegt in der sozialen Identitätstheorie. Psychologisch betrachtet postuliert diese Theorie, dass Menschen dazu neigen, sich mit Gruppen zu identifizieren, denen sie angehören. In Zeiten von Herausforderungen wird die Gruppenidentität verstärkt, und Mitglieder der Gruppe erleben eine gestärkte soziale Zusammengehörigkeit. Die psychologischen Grundlagen dieser Theorie zeigen, dass die gemeinsame Identität eine entscheidende Rolle dabei spielt, wie Menschen Herausforderungen wahrnehmen und darauf reagieren.

Die soziale Unterstützung, ein zentraler Aspekt der gemeinsamen Bewältigung, basiert auf psychologischen Prinzipien wie Empathie, Zuwendung und sozialer Verantwortung. Psychologisch betrachtet fördert die soziale Unterstützung das emotionale Wohlbefinden und stärkt die individuelle Resilienz in Zeiten von Herausforderungen. Die psychologischen Grundlagen der sozialen Unterstützung zeigen, dass die Erfahrung von geteilter Last und geteiltem Erfolg eine tiefe emotionale Verbindung zwischen den Mitgliedern einer Gemeinschaft schafft.

Die Gruppendynamik, erforscht durch die Gruppendynamiktheorie, betont die Interaktionen und Prozesse innerhalb einer Gruppe. Psychologisch betrachtet zeigt die Gruppendynamik, dass gemeinsame Herausforderungen die Zusammenarbeit fördern, die

Ressourcenbündelung erleichtern und die kollektive Leistung steigern. Die psychologischen Grundlagen der Gruppendynamik verdeutlichen, dass die Art und Weise, wie eine Gruppe Herausforderungen angeht, das Ergebnis und das Gruppengefühl beeinflusst.

Die Evolutionäre Psychologie argumentiert, dass die Neigung zur Zusammenarbeit und zur gemeinsamen Bewältigung von Herausforderungen in der menschlichen Natur verankert ist. Psychologisch betrachtet resultiert dies aus dem evolutionären Druck, der die Entwicklung von sozialen Bindungen und kooperativem Verhalten begünstigte. Die psychologischen Grundlagen der Evolutionären Psychologie verdeutlichen, dass die gemeinsame Bewältigung von Herausforderungen eine adaptive Strategie ist, die die Überlebens- und Fortpflanzungschancen erhöht.

Die psychologische Resilienzforschung hebt die Bedeutung von Gemeinschaften hervor, die in der Lage sind, gemeinsam Herausforderungen zu bewältigen. Psychologisch betrachtet beruht Resilienz auf der Fähigkeit, auf Belastungen flexibel zu reagieren und gestärkt daraus hervorzugehen. Die psychologischen Grundlagen der Resilienz zeigen, dass gemeinsame Bewältigung von Herausforderungen eine Schlüsselrolle bei der Förderung individueller und kollektiver Resilienz spielt.

Die Bedeutung von geteilten Normen und Werten innerhalb einer Gruppe wird durch die sozialpsychologische Theorie unterstrichen. Psychologisch betrachtet fördern gemeinsame Normen und Werte die Koordination, das Vertrauen und das Gefühl der Verantwortlichkeit gegenüber der Gruppe. Die psychologischen Grundlagen dieser Theorie verdeutlichen, dass die gemeinsame Ausrichtung auf bestimmte Prinzipien die Effektivität der gemeinsamen Bewältigung von Herausforderungen verbessert.

Die Anwendung von Ritualen und symbolischen Handlungen in Gruppenprozessen wird durch die Symbolische Interaktionstheorie erklärt. Psychologisch betrachtet schaffen Rituale gemeinsame Bedeutungen, stärken die Gruppenidentität und fördern das Gefühl der Zugehörigkeit. Die psychologischen Grundlagen dieser Theorie verdeutlichen, dass symbolische Handlungen eine wichtige Rolle dabei spielen, gemeinsame Herausforderungen als bedeutsam und lösbar zu betrachten.

Die Herausforderungen der gemeinsamen Bewältigung können in verschiedenen Kontexten auftreten, sei es in Familien, Teams, Organisationen oder Gesellschaften. Psychologisch betrachtet erfordert die Anpassung an Herausforderungen auf Gruppenebene ein gemeinsames Verständnis von Zielen, klare Kommunikation, eine Verteilung von Aufgaben und eine effektive Koordination. Die psychologischen Grundlagen zeigen, dass die kollektive Intelligenz und Kreativität, die durch die gemeinsame Bewältigung von Herausforderungen freigesetzt werden, dazu beitragen, innovative Lösungen zu entwickeln.

Praktische Anwendungen der gemeinsamen Bewältigung von Herausforderungen können auf verschiedenen Ebenen erfolgen. Psychologisch betrachtet erfordert dies die Förderung einer unterstützenden und vertrauensvollen Gruppendynamik, die Entwicklung von Mechanismen zur Konfliktlösung, die Schaffung eines positiven Gruppenklimas und die Anerkennung individueller Beiträge. Die psychologischen Grundlagen zeigen, dass die effektive gemeinsame Bewältigung von Herausforderungen einen kontinuierlichen Austausch von Ressourcen, Wissen und emotionaler Unterstützung erfordert.

Die psychologischen Herausforderungen der gemeinsamen Bewältigung von Herausforderungen umfassen die Notwendigkeit einer ausgewogenen Beteiligung aller Gruppenmitglieder, die Bewältigung von Konflikten und unterschiedlichen Perspektiven, die Aufrechterhaltung von Motivation und Engagement sowie die Bewältigung von Stress und emotionalen Belastungen. Psychologisch betrachtet erfordert die erfolgreiche gemeinsame

Bewältigung von Herausforderungen eine kontinuierliche Reflexion, Anpassung und den Aufbau von gemeinsamen Erfahrungen.

Insgesamt zeigt die psychologische Analyse, dass die gemeinsame Bewältigung von Herausforderungen nicht nur eine strategische Entscheidung, sondern auch eine tief verwurzelte soziale Dynamik ist. Die psychologischen Grundlagen der Gruppendynamik, sozialen Identität, sozialen Unterstützung, Evolutionären Psychologie, Resilienzforschung, sozialpsychologischen Theorie, Symbolischen Interaktionstheorie und weiteren Theorien verdeutlichen die Komplexität und Vielfalt der psychologischen Prozesse, die in der gemeinsamen Bewältigung von Herausforderungen wirksam sind. Die Anwendung dieser Erkenntnisse erfordert ein tiefes Verständnis der Gruppendynamik, Empathie, klare Kommunikation und die Bereitschaft, gemeinsam auf Ziele hinzuarbeiten.

Klare Ziele setzen

Psychologisch betrachtet bilden klare Ziele ein grundlegendes Konzept, das die menschliche Motivation, Leistung und das Streben nach Erfolg beeinflusst. Diese ausführliche Zusammenfassung wird die psychologischen Grundlagen hinter dem Setzen klarer Ziele erkunden, ihre Rolle in verschiedenen Lebensbereichen analysieren, praktische Anwendungen aufzeigen und mögliche Herausforderungen beleuchten. Ein umfassender Blick auf die psychologischen Mechanismen, die das Setzen klarer Ziele so wirksam machen, wird gewährt.

Die psychologische Grundlage des Zielsetzungsprozesses liegt in der Theorie des Zielsetzungsprinzips. Psychologisch betrachtet postuliert diese Theorie, dass die Festlegung von spezifischen, messbaren, erreichbaren, relevanten und zeitgebundenen (SMART) Zielen die Wahrscheinlichkeit erhöht, dass Menschen ihre Ziele erreichen. Die psychologischen Grundlagen dieser Theorie verdeutlichen, dass klare Ziele als Richtlinien dienen, um das Verhalten zu lenken, die Anstrengung zu mobilisieren und die Ausdauer aufrechtzuerhalten.

Die Selbstbestimmungstheorie, eine wichtige Perspektive in der Motivationspsychologie, erklärt, dass Menschen motivierter sind, wenn sie ihre eigenen Ziele setzen können. Psychologisch betrachtet fördert die Autonomie bei der Zielsetzung das intrinsische Engagement und die langfristige Motivation. Die psychologischen Grundlagen dieser Theorie zeigen, dass klare Ziele, die mit persönlichen Werten und Interessen in Einklang stehen, eine tiefere und nachhaltigere Motivation fördern.

Die Psychologie des Fortschritts, basierend auf der Zeigarnik-Effekt-Theorie, betont die Bedeutung unvollendeter Ziele und deren Einfluss auf das Denken und Handeln. Psychologisch betrachtet führen unvollendete Ziele zu einem Zustand psychologischer Spannung, der Menschen dazu motiviert, die Ziele abzuschließen. Die psychologischen Grundlagen dieser Theorie verdeutlichen, dass klare Ziele eine klare Struktur bieten und den Zeigarnik-Effekt nutzen, um die Kontinuität der Anstrengungen aufrechtzuerhalten.

Die Theorie der Zielkongruenz erklärt, dass die Harmonie zwischen persönlichen Zielen und den Zielen einer Organisation oder Gemeinschaft entscheidend für die Motivation und das Wohlbefinden ist. Psychologisch betrachtet fördert die Zielkongruenz ein Gefühl von Sinnhaftigkeit und Verbundenheit. Die psychologischen Grundlagen dieser Theorie zeigen, dass klare Ziele, die mit den größeren Zielen eines Systems übereinstimmen, die individuelle Leistung und Zufriedenheit steigern können.

Die Kognitive Kontrolltheorie postuliert, dass Menschen ihre Handlungen durch die Festlegung von Zielen und die Überwachung ihres Fortschritts regulieren. Psychologisch betrachtet ermöglicht die kognitive Kontrolle durch klare Ziele eine effektive Selbstregulierung und verbessert die Fähigkeit zur Problemlösung. Die psychologischen Grundlagen dieser Theorie verdeutlichen, dass klare Ziele eine kognitive Struktur bieten, um den Fokus zu halten und Hindernisse zu überwinden.

Das Konzept der Selbstwirksamkeit, entwickelt von Albert Bandura, betont die Überzeugung einer Person, dass sie in der Lage ist, bestimmte Ziele zu erreichen. Psychologisch betrachtet fördert eine hohe Selbstwirksamkeit das Streben nach anspruchsvollen Zielen und die Überwindung von Herausforderungen. Die psychologischen Grundlagen dieser Theorie zeigen, dass klare Ziele die Selbstwirksamkeit stärken und das Vertrauen in die eigenen Fähigkeiten erhöhen.

Die Anwendung von positiver Psychologie in der Zielsetzung betont die Bedeutung positiver Formulierung von Zielen und die Betonung von Stärken. Psychologisch betrachtet fördert die positive Formulierung von Zielen eine optimistische Einstellung und steigert das emotionale Wohlbefinden. Die psychologischen Grundlagen dieser Perspektive verdeutlichen, dass klare Ziele, die auf Stärken basieren, eine positive Ausrichtung und Resilienz fördern können.

Praktische Anwendungen des Setzens klarer Ziele können in verschiedenen Lebensbereichen erfolgen, sei es persönlich, beruflich, akademisch oder gesundheitlich. Psychologisch betrachtet erfordert die effektive Zielsetzung eine klare Definition, Aufteilung in kleine Schritte, regelmäßige Überprüfung und gegebenenfalls Anpassung. Die psychologischen Grundlagen zeigen, dass klare Ziele, die gut strukturiert und realistisch sind, die Wahrscheinlichkeit des Erfolgs erhöhen.

Die Herausforderungen des Setzens klarer Ziele umfassen die Gefahr von Überforderung, mangelnder Motivation, unklarer Definition und Hindernissen auf dem Weg zum Fortschritt. Psychologisch betrachtet erfordert die Überwindung dieser Herausforderungen eine bewusste Reflexion, realistische Planung und gegebenenfalls Unterstützung durch andere. Die psychologischen Grundlagen verdeutlichen, dass die Auseinandersetzung mit Hindernissen und die Anpassung von Zielen entscheidend für die langfristige Wirksamkeit sind.

Insgesamt zeigt die psychologische Analyse, dass das Setzen klarer Ziele nicht nur ein einfacher Akt ist, sondern eine tiefe Verbindung zu Motivation, Selbstregulierung, Sinngebung und persönlicher Entwicklung hat. Die psychologischen Grundlagen dieser Konzepte, basierend auf Theorien wie dem Zielsetzungsprinzip, der Selbstbestimmungstheorie, der Psychologie des Fortschritts, der Zielkongruenz, der Kognitiven Kontrolletheorie, der Selbstwirksamkeit und der positiven Psychologie, bieten Einblicke in die komplexen psychologischen Prozesse, die im Hintergrund des Setzens klarer Ziele wirken.

Gemeinsame Sprache verwenden

Psychologisch betrachtet ist die Verwendung einer gemeinsamen Sprache ein Schlüsselfaktor für effektive Kommunikation, Kooperation und das Schaffen einer gemeinsamen Identität. In dieser ausführlichen Zusammenfassung werden die psychologischen Grundlagen der gemeinsamen Sprache beleuchtet, ihre Bedeutung in verschiedenen Kontexten analysiert, praktische Anwendungen aufgezeigt und potenzielle Herausforderungen erörtert. Ein ganzheitlicher Blick auf die psychologischen Mechanismen, die die Verwendung einer gemeinsamen Sprache so bedeutsam machen, wird gegeben.

Die psychologischen Grundlagen der gemeinsamen Sprache lassen sich durch die sozialpsychologische Theorie der sozialen Identität erklären. Diese Theorie betont, dass Menschen danach streben, sich mit anderen zu identifizieren und eine positive soziale Identität zu entwickeln. Psychologisch betrachtet fördert die gemeinsame Sprache die Gruppenzugehörigkeit und stärkt das Wir-Gefühl. Die psychologischen Grundlagen dieser Theorie verdeutlichen, dass eine geteilte Sprache eine Brücke zur gemeinsamen Identität schlägt.

Die Theorie der sozialen Konstruktion von Wirklichkeit, basierend auf den Arbeiten von Berger und Luckmann, postuliert, dass die Realität sozial konstruiert wird und durch die gemeinsame Nutzung von Symbolen, einschließlich Sprache, geformt wird. Psychologisch betrachtet ermöglicht die gemeinsame Sprache die Schaffung und Pflege gemeinsamer Bedeutungen und Verständnisse. Die psychologischen Grundlagen dieser Theorie verdeutlichen, dass Sprache als Werkzeug zur Ko-Konstruktion von Wirklichkeit dient.

Die Linguistische Relativitätshypothese, auch als Sapir-Whorf-Hypothese bekannt, legt nahe, dass die Sprache das Denken beeinflusst und die Wahrnehmung der Welt formt. Psychologisch betrachtet prägt die gemeinsame Sprache nicht nur die Kommunikation, sondern auch die kognitive Verarbeitung von Informationen und die Interpretation von Erfahrungen. Die psychologischen Grundlagen dieser Hypothese verdeutlichen, dass die Wahl der Sprache den Blickwinkel beeinflusst und das Denken formt.

Die soziale Kognitionstheorie, entwickelt von Fritz Heider, betont die Bedeutung der Attribution von Ursachen für soziales Verhalten. Psychologisch betrachtet erleichtert die gemeinsame Sprache die gemeinsame Attributionsbildung und fördert das Verständnis der Absichten und Motivationen anderer. Die psychologischen Grundlagen dieser Theorie verdeutlichen, dass die Verwendung einer gemeinsamen Sprache die soziale Interpretation erleichtert und die soziale Kognition beeinflusst.

Die Psychologie des Sprachcodes, basierend auf den Arbeiten von Bernstein, hebt die Bedeutung der Sprache als kulturelles Kapital hervor. Psychologisch betrachtet prägt die gemeinsame Sprache den Zugang zu Wissen, Bildung und sozialem Aufstieg. Die psychologischen Grundlagen dieser Perspektive verdeutlichen, dass eine geteilte Sprache den Zugang zu Ressourcen und die Integration in bestimmte soziale Kreise erleichtert.

Praktische Anwendungen der gemeinsamen Sprache erstrecken sich über verschiedene Kontexte, sei es in zwischenmenschlichen Beziehungen, in Bildungseinrichtungen, am Arbeitsplatz oder in kulturellen Gemeinschaften. Psychologisch betrachtet erfordert die effektive Nutzung einer gemeinsamen Sprache klare Kommunikation, Empathie und die Fähigkeit zur Perspektivenübernahme. Die psychologischen Grundlagen zeigen, dass die gemeinsame Sprache die Grundlage für erfolgreiche Zusammenarbeit und ein gemeinsames Verständnis bildet.

Die Herausforderungen der gemeinsamen Sprache können in Missverständnissen, kulturellen Unterschieden, sprachlichen Barrieren und der Notwendigkeit der Sensibilität gegenüber verschiedenen Kommunikationsstilen liegen. Psychologisch betrachtet erfordert die Überwindung dieser Herausforderungen interkulturelle Kompetenz, Offenheit für Vielfalt und den Willen zur

Anpassung. Die psychologischen Grundlagen verdeutlichen, dass die Auseinandersetzung mit sprachlichen Herausforderungen die Qualität der zwischenmenschlichen Beziehungen verbessern kann.

Zusammenfassend zeigt die psychologische Analyse, dass die Verwendung einer gemeinsamen Sprache weit über die einfache Kommunikation hinausgeht. Die psychologischen Grundlagen dieser Konzepte, basierend auf Theorien wie der sozialen Identität, der sozialen Konstruktion von Wirklichkeit, der Linguistischen Relativitätshypothese, der sozialen Kognitionstheorie und der Psychologie des Sprachcodes, bieten Einblicke in die komplexen psychologischen Prozesse, die im Hintergrund der gemeinsamen Sprache wirken.

Gemeinsam Lösungen finden

Die gemeinsame Suche nach Lösungen ist ein zentraler Aspekt menschlicher Interaktion und Zusammenarbeit. In dieser ausführlichen Zusammenfassung werden die psychologischen Grundlagen und Mechanismen hinter dem Prozess des gemeinsamen Findens von Lösungen beleuchtet. Die Analyse erstreckt sich über verschiedene psychologische Theorien und Modelle, um ein umfassendes Verständnis dafür zu bieten, wie Menschen zusammenarbeiten, um Herausforderungen zu bewältigen, Entscheidungen zu treffen und innovative Lösungen zu entwickeln.

Psychologisch betrachtet ist die Fähigkeit, gemeinsam Lösungen zu finden, stark mit sozialen Kognitionen, kreativem Denken, Kommunikationsfähigkeiten und motivationsbezogenen Prozessen verknüpft. Die soziale Kognitionstheorie von Fritz Heider betont die Bedeutung der Attribution von Ursachen für soziales Verhalten. Psychologisch betrachtet nutzen Menschen beim gemeinsamen Finden von Lösungen ihre kognitive Fähigkeit, die Absichten und Motivationen anderer zu verstehen. Die psychologischen Grundlagen dieser Theorie verdeutlichen, dass die soziale Interpretation von Handlungen und Entscheidungen einen entscheidenden Einfluss auf den gemeinsamen Lösungsprozess hat.

Die kognitive Dissonanztheorie von Leon Festinger erklärt, dass Menschen dazu neigen, kognitive Inkonsistenzen zu minimieren, um psychologischen Stress zu vermeiden. Psychologisch betrachtet kann die gemeinsame Suche nach Lösungen dazu dienen, Inkonsistenzen in Gruppenüberzeugungen oder -zielen zu reduzieren. Die psychologischen Grundlagen dieser Theorie zeigen, dass die Konsistenz in den Überzeugungen und Zielen der Gruppenmitglieder eine wichtige Rolle bei der erfolgreichen Zusammenarbeit spielt.

Die soziale Identitätstheorie betont, dass Menschen danach streben, ihre soziale Identität positiv zu bewerten und zu stärken.

Psychologisch betrachtet kann die gemeinsame Suche nach Lösungen dazu dienen, die Gruppenidentität zu stärken, indem sie den Zusammenhalt und die Zusammengehörigkeit fördert. Die psychologischen Grundlagen dieser Theorie verdeutlichen, dass die Art und Weise, wie Lösungen gefunden und Entscheidungen getroffen werden, die Gruppenidentität beeinflusst.

Die Theorie der sozialen Normen, basierend auf den Arbeiten von Solomon Asch, legt nahe, dass Menschen dazu neigen, sich an sozialen Normen zu orientieren, um Akzeptanz und Zustimmung zu erhalten. Psychologisch betrachtet beeinflusst die gemeinsame Suche nach Lösungen die Konformität mit den Gruppennormen. Die psychologischen Grundlagen dieser Theorie zeigen, dass die Wahrnehmung der Gruppennormen den Entscheidungsprozess und die Art der akzeptierten Lösungen beeinflusst.

Das Gruppenpolarisation-Phänomen, basierend auf Forschungen von James Stoner, besagt, dass Gruppenentscheidungen oft extremer sind als die ursprünglichen individuellen Präferenzen der Gruppenmitglieder. Psychologisch betrachtet kann die gemeinsame Suche nach Lösungen zu einer Verstärkung von Gruppenpositionen und -überzeugungen führen. Die psychologischen Grundlagen dieses Phänomens verdeutlichen, dass die Gruppendynamik den Entscheidungsprozess beeinflusst und zu extremen Lösungen führen kann.

Kreativitäts- und Innovationsmodelle, wie beispielsweise der Kreativitätszyklus von Graham Wallas oder das Innovationsprozessmodell von Teresa Amabile, bieten Einblicke in die psychologischen Mechanismen hinter dem Entstehen neuer Ideen und Lösungen. Psychologisch betrachtet fördert die gemeinsame Suche nach Lösungen den kreativen Prozess durch den Austausch verschiedener Perspektiven und Ideen. Die psychologischen Grundlagen dieser Modelle verdeutlichen, dass die Förderung eines kreativen Umfelds und die Berücksichtigung unterschiedlicher Denkansätze den gemeinsamen Lösungsprozess verbessern können.

Die Theorie der Gruppenpolarisation, basierend auf den Arbeiten von Cass Sunstein, betont die Rolle der sozialen Dynamik bei der Entscheidungsfindung in Gruppen. Psychologisch betrachtet kann die gemeinsame Suche nach Lösungen zu einer Verstärkung von Gruppenpositionen und -überzeugungen führen. Die psychologischen Grundlagen dieser Theorie zeigen, dass die Gruppendynamik den Entscheidungsprozess beeinflusst und zu extremen Lösungen führen kann.

Die Rollentheorie, entwickelt von George Herbert Mead und Erving Goffman, betont die Bedeutung von sozialen Rollen und Erwartungen in Gruppen. Psychologisch betrachtet beeinflusst die gemeinsame Suche nach Lösungen die Verteilung von Rollen und Verantwortlichkeiten in der Gruppe. Die psychologischen Grundlagen dieser Theorie zeigen, dass eine klare Rollendefinition und -verteilung den gemeinsamen Lösungsprozess erleichtern können.

Praktische Anwendungen der gemeinsamen Suche nach Lösungen erstrecken sich über verschiedene Kontexte, sei es in Arbeitsgruppen, Familien, sozialen Bewegungen oder politischen Gremien. Psychologisch betrachtet erfordert die effektive Zusammenarbeit bei der Lösungsfindung klare Kommunikation, Flexibilität und die Fähigkeit zur Integration unterschiedlicher Perspektiven. Die psychologischen Grundlagen verdeutlichen, dass ein offenes und respektvolles Umfeld den gemeinsamen Lösungsprozess fördert.

Die Herausforderungen der gemeinsamen Suche nach Lösungen können in Konflikten, Kommunikationsproblemen, unterschiedlichen Zielen und mangelndem Vertrauen liegen. Psychologisch betrachtet erfordert die Überwindung dieser Herausforderungen emotionale Intelligenz, konstruktive Kommunikation und die Fähigkeit zur Kompromissbereitschaft. Die psychologischen Grundlagen verdeutlichen, dass die Auseinandersetzung mit Herausforderungen den Reifeprozess von Ideen und Lösungen fördern kann.

Zusammenfassend zeigt die psychologische Analyse, dass die gemeinsame Suche nach Lösungen nicht nur eine pragmatische Notwendigkeit ist, sondern auch eine tiefe Verbindung zu den sozialen und kognitiven Prozessen hat, die menschliches Verhalten und Denken prägen. Die psychologischen Grundlagen dieser Konzepte bieten einen Einblick in die komplexen Dynamiken, die beim gemeinsamen Finden von Lösungen eine Rolle spielen.

Resilienz fördern

Die Förderung von Resilienz ist ein entscheidender Aspekt in der Psychologie und Selbsthilfe, der darauf abzielt, die Fähigkeit von Menschen zu stärken, Krisen und Herausforderungen erfolgreich zu bewältigen. Diese ausführliche Zusammenfassung beleuchtet die psychologischen Grundlagen, Methoden und Ansätze zur Förderung von Resilienz, um ein umfassendes Verständnis für dieses wichtige Konzept zu vermitteln.

Psychologisch betrachtet ist Resilienz die Fähigkeit eines Individuums, sich an Stress, Widrigkeiten und Rückschläge anzupassen und sogar durch sie zu wachsen. Die psychologischen Grundlagen dieser Definition liegen in verschiedenen Theorien und Ansätzen, die die menschliche Widerstandsfähigkeit erklären.

Die Theorie der kognitiven Anpassung, basierend auf den Arbeiten von Aaron Antonovsky, betont die Bedeutung der individuellen Wahrnehmung und Bewertung von Stressoren. Psychologisch betrachtet spielt die Art und Weise, wie Menschen ihre Umwelt und Herausforderungen wahrnehmen, eine zentrale Rolle bei der Entwicklung von Resilienz. Die psychologischen Grundlagen dieser Theorie verdeutlichen, dass eine positive Grundhaltung und eine optimistische Sichtweise auf Stresssituationen die Resilienz fördern können.

Die Theorie der Selbstwirksamkeit, entwickelt von Albert Bandura, unterstreicht die Überzeugung eines Individuums, dass es in der Lage ist, Herausforderungen erfolgreich zu bewältigen. Psychologisch betrachtet ist die Stärkung der Selbstwirksamkeit eine Schlüsselkomponente in der Förderung von Resilienz. Die psychologischen Grundlagen dieser Theorie zeigen, dass Menschen, die an ihre Fähigkeit glauben, schwierige Situationen zu meistern, widerstandsfähiger gegenüber Stressoren sind.

Die Theorie der Posttraumatischen Wachstums, basierend auf Arbeiten von Richard Tedeschi und Lawrence Calhoun, hebt hervor, dass Krisen nicht nur negativen Einfluss haben können, sondern auch zu persönlichem Wachstum führen können. Psychologisch betrachtet kann die Fähigkeit, aus traumatischen Erfahrungen zu lernen und gestärkt daraus hervorzugehen, die Resilienz fördern. Die psychologischen Grundlagen dieser Theorie verdeutlichen, dass die kognitive Umstrukturierung nach traumatischen Ereignissen einen positiven Einfluss auf die psychische Widerstandsfähigkeit haben kann.

Die Theorie der Entwicklungsaufgaben, basierend auf den Konzepten von Erik Erikson, hebt die Bedeutung der Bewältigung bestimmter Lebensphasen und Herausforderungen hervor. Psychologisch betrachtet ist die erfolgreiche Bewältigung von Entwicklungsaufgaben entscheidend für die Förderung von Resilienz im Lebensverlauf. Die psychologischen Grundlagen dieser Theorie verdeutlichen, dass die Fähigkeit zur Anpassung an unterschiedliche Lebensphasen eine zentrale Rolle bei der Entwicklung von Resilienz spielt.

Die Bindungstheorie von John Bowlby und Mary Ainsworth betont die Bedeutung sicherer emotionaler Bindungen in der Kindheit für die Entwicklung von Resilienz. Psychologisch betrachtet spielt die Qualität der frühkindlichen Bindung eine entscheidende Rolle bei der Ausbildung von Bewältigungsmechanismen und der Fähigkeit, mit Stress umzugehen. Die psychologischen Grundlagen dieser Theorie verdeutlichen, dass eine sichere emotionale Basis in der Kindheit die Grundlage für eine resiliente Persönlichkeit legen kann.

Die salutogenetische Perspektive von Aaron Antonovsky betont die Bedeutung von Kohärenzgefühl, also dem Gefühl, dass die Welt sinnvoll, verständlich und handhabbar ist, für die Förderung von Gesundheit und Resilienz. Psychologisch betrachtet spielt die Wahrnehmung von Sinnhaftigkeit und Kontrollierbarkeit eine entscheidende Rolle bei der Entwicklung von Resilienz. Die psychologischen Grundlagen dieser Perspektive verdeutlichen, dass Menschen mit einem starken Kohärenzgefühl besser in der Lage sind, mit Herausforderungen umzugehen.

Die Förderung von Resilienz umfasst verschiedene Ansätze und Methoden, die auf den psychologischen Grundlagen dieser Theorien aufbauen. Die kognitive Verhaltenstherapie (CBT) ist ein evidenzbasiertes therapeutisches Modell, das darauf abzielt, negative Denkmuster zu identifizieren und zu verändern. Psychologisch betrachtet kann die CBT dabei helfen, die Wahrnehmung von Stressoren zu verändern und adaptive Bewältigungsstrategien zu entwickeln.

Die Achtsamkeitspraxis, basierend auf Prinzipien des Buddhismus, betont die bewusste Aufmerksamkeit für den gegenwärtigen Moment. Psychologisch betrachtet kann Achtsamkeit helfen, Stressoren ohne Urteil und mit einer offenen Haltung zu betrachten, was die Resilienz fördert. Die psychologischen Grundlagen dieser Praxis verdeutlichen, dass die Entwicklung von Achtsamkeit die Fähigkeit zur Stressbewältigung verbessern kann.

Die narrative Therapie konzentriert sich auf die Konstruktion und Neugestaltung von Lebensgeschichten. Psychologisch betrachtet kann die Neubewertung von Lebenserfahrungen dazu beitragen, die Widerstandsfähigkeit zu fördern. Die psychologischen Grundlagen dieser Therapie verdeutlichen, dass die Umdeutung von traumatischen Ereignissen in eine sinnvolle Erzählung das psychische Wohlbefinden stärken kann.

Die Förderung sozialer Unterstützung, sei es durch Familie, Freunde oder Gemeinschaften, ist ein weiterer wesentlicher Aspekt. Psychologisch betrachtet wirkt soziale Unterstützung als Puffer gegen Stressoren und stärkt das individuelle Bewältigungspotenzial. Die psychologischen Grundlagen verdeutlichen, dass die Qualität sozialer Beziehungen einen entscheidenden Einfluss auf die Resilienz hat.

Das Konzept der proaktiven Anpassung, basierend auf der Arbeit von Susan Folkman und Richard Lazarus, betont die Bedeutung präventiver Strategien zur Stressbewältigung. Psychologisch betrachtet können proaktive Anpassungsstrategien, wie die

Entwicklung von Problemlösungsfähigkeiten und die Stärkung sozialer Netzwerke, dazu beitragen, Resilienz aufzubauen. Die psychologischen Grundlagen verdeutlichen, dass die proaktive Bewältigung von Stressoren die Widerstandsfähigkeit stärken kann.

Zusammenfassend lässt sich sagen, dass die Förderung von Resilienz auf einem tiefen Verständnis der psychologischen Grundlagen beruht. Die verschiedenen Theorien und Ansätze bieten Einblicke in die Mechanismen, die der Entwicklung von Resilienz zugrunde liegen. Die Anwendung dieser Erkenntnisse in therapeutischen, pädagogischen und präventiven Kontexten kann dazu beitragen, individuelle und kollektive Widerstandsfähigkeit zu stärken und Menschen in die Lage zu versetzen, Krisen erfolgreich zu bewältigen.

Einfühlungsvermögen zeigen

Einfühlungsvermögen, auch als Empathie bekannt, ist eine Schlüsselqualität in zwischenmenschlichen Beziehungen, beruflichem Erfolg und persönlichem Wachstum. Diese umfassende Zusammenfassung untersucht die psychologischen Grundlagen, die Bedeutung und die Anwendung von Einfühlungsvermögen, um ein eingehendes Verständnis für diese soziale Kompetenz zu vermitteln.

Psychologisch betrachtet ist Empathie die Fähigkeit, die Emotionen, Gedanken und Perspektiven anderer Menschen zu verstehen und mit ihnen zu fühlen. Diese Fähigkeit beruht auf kognitiven, emotionalen und sozialen Prozessen, die es einer Person ermöglichen, sich in die Erfahrungen anderer hineinzuversetzen.

Die Spiegelneuronen-Theorie, entwickelt von Giacomo Rizzolatti und Vittorio Gallese, postuliert, dass bestimmte Neuronen im Gehirn aktiviert werden, wenn eine Person eine Handlung ausführt oder beobachtet. Psychologisch betrachtet ermöglichen Spiegelneuronen eine Form der Emulation, bei der eine Person die Gefühle und Handlungen anderer intuitiv nachvollziehen kann.

Die Theorie der sozialen Kognition betont die Rolle von kognitiven Prozessen wie der Theorie des Geistes, die es einer Person ermöglicht, die Perspektiven und Absichten anderer zu verstehen. Psychologisch betrachtet ist die Entwicklung der sozialen Kognition entscheidend für die Entfaltung von Empathie.

Die emotionale Intelligenz, entwickelt von Peter Salovey und John Mayer, bezieht sich auf die Fähigkeit, die eigenen Emotionen zu verstehen, zu regulieren und die Emotionen anderer wahrzunehmen. Psychologisch betrachtet ist die emotionale Intelligenz ein Schlüsselfaktor für die Ausprägung von Einfühlungsvermögen.

Die Theorie der empathischen Genauigkeit, entwickelt von William Ickes, legt nahe, dass Menschen in der Lage sind, die Gefühle anderer genau zu interpretieren. Psychologisch betrachtet basiert die empathische Genauigkeit auf einer Kombination von nonverbalen Hinweisen, verbalem Ausdruck und emotionaler Intuition.

Die psychologischen Grundlagen von Einfühlungsvermögen verdeutlichen, dass diese Fähigkeit eine komplexe Interaktion von kognitiven, emotionalen und sozialen Prozessen involviert. Die Integration dieser Prozesse ermöglicht es, eine tiefere Verbindung zu anderen herzustellen und zwischenmenschliche Beziehungen zu stärken.

Die Bedeutung von Einfühlungsvermögen erstreckt sich über verschiedene Lebensbereiche. In zwischenmenschlichen Beziehungen fördert Empathie Verständnis, Mitgefühl und die Fähigkeit, Konflikte zu lösen. Am Arbeitsplatz trägt Einfühlungsvermögen zu einem positiven Arbeitsklima, Teamarbeit und Führungsfähigkeiten bei. In der Gesellschaft fördert Empathie soziale Zusammenarbeit, Mitgefühl für Benachteiligte und eine kulturelle Sensibilität.

Die Anwendung von Einfühlungsvermögen kann durch gezielte Praktiken und Techniken verbessert werden. Aktives Zuhören, die Fähigkeit, nonverbale Signale zu interpretieren, und die bewusste Annahme unterschiedlicher Perspektiven sind nur einige Beispiele. Psychologisch betrachtet können regelmäßige Reflexion und Selbstbewusstsein dazu beitragen, Empathie als persönliche und berufliche Kompetenz zu entwickeln.

Die Rolle von Empathie in verschiedenen Lebensphasen und Kontexten verdeutlicht, dass es sich um eine dynamische und anpassungsfähige Fähigkeit handelt. Im Kindesalter entwickelt sich Empathie durch soziale Interaktionen und emotionale Erfahrungen. In der Adoleszenz spielt Empathie eine Schlüsselrolle in der Entwicklung von zwischenmenschlichen Beziehungen und moralischen Kompetenzen. Im Erwachsenenalter beeinflusst

Empathie die Qualität von Partnerschaften, Freundschaften und beruflichen Beziehungen.

Die gesellschaftlichen Auswirkungen von Einfühlungsvermögen sind vielfältig. Psychologisch betrachtet trägt eine empathische Gesellschaft zu einem harmonischen Zusammenleben, zur Förderung von Toleranz und zur Lösung gesellschaftlicher Herausforderungen bei. Empathie spielt eine entscheidende Rolle in sozialen Bewegungen, interkulturellem Verständnis und globaler Zusammenarbeit.

In der Therapie und Beratung ist Empathie eine grundlegende Fähigkeit, die es Fachleuten ermöglicht, eine unterstützende und vertrauensvolle Beziehung zu ihren Klienten aufzubauen. Psychologisch betrachtet fördert empathisches Verhalten das Vertrauen zwischen Therapeuten und Klienten und ermöglicht eine effektive Zusammenarbeit bei der Lösung von Problemen.

Zusammenfassend ist Einfühlungsvermögen eine komplexe soziale Fähigkeit, die auf einem tiefen Verständnis von Emotionen, Perspektiven und zwischenmenschlichen Beziehungen beruht. Die psychologischen Grundlagen, die Bedeutung und die Anwendung von Einfühlungsvermögen erstrecken sich über verschiedene Lebensbereiche und prägen maßgeblich unsere zwischenmenschlichen Interaktionen. Der bewusste Ausbau von Einfühlungsvermögen trägt nicht nur zum persönlichen Wachstum bei, sondern auch zur Schaffung einer empathischen und mitfühlenden Gesellschaft.

Gemeinsame Geschichten betonen

Gemeinsame Geschichten, auch als Storytelling bekannt, sind ein kraftvolles Mittel der Kommunikation, das tiefgreifende Verbindungen schafft, Informationen vermittelt und Emotionen weckt. Diese umfassende Zusammenfassung erforscht die psychologischen Grundlagen, die Bedeutung und die Anwendung von Storytelling, um ein gründliches Verständnis dieser kreativen Ausdrucksform zu vermitteln.

Psychologisch betrachtet liegt die Kraft des Storytellings in grundlegenden Prinzipien, die dazu beitragen, Geschichten wirkungsvoll zu gestalten und ihre Wirkung zu maximieren. Einprägsamkeit spielt eine entscheidende Rolle, da gute Geschichten im Gedächtnis bleiben und eine bleibende Wirkung haben. Authentizität in der Erzählung schafft Glaubwürdigkeit und Vertrauen, während Relevanz sicherstellt, dass Geschichten direkt die Anliegen des Publikums ansprechen. Ein guter Spannungsbogen zieht die Zuhörer in die Geschichte hinein, und Klarheit ermöglicht es, komplexe Ideen verständlich zu vermitteln. Emotionale Resonanz ist das Herzstück jeder guten Geschichte, da Emotionen eine tiefere Verbindung zum Publikum herstellen.

Die psychologischen Grundlagen des Storytellings lassen sich durch verschiedene Theorien und Konzepte erklären. Die kognitive Psychologie betont die Bedeutung von kognitiven Schemata, durch die Menschen Informationen in Form von Geschichten organisieren und speichern. Psychologisch betrachtet ermöglichen Geschichten eine effektive Kodierung und den Abruf von Informationen. Die Theorie der sozialen Kognition unterstreicht die Rolle von Empathie und Identifikation beim Zuhören von Geschichten. Psychologisch betrachtet führt die Fähigkeit, sich in die Figuren einer Geschichte hineinzuversetzen, zu einer tieferen emotionalen Beteiligung.

Der Campbell'sche Monomythos, auch bekannt als die Heldenreise, ist ein narrativer Rahmen, der auf archetypischen Strukturen basiert und in vielen Kulturen und Geschichten weltweit zu finden ist. Joseph Campbell, ein amerikanischer Mythologe, hat diesen

Mythos in seinem Buch "Der Heros in tausend Gestalten" eingehend erforscht und dabei grundlegende Elemente identifiziert, die in den Geschichten zahlreicher Kulturen vorkommen. Psychologisch betrachtet ermöglicht die Heldenreise eine tiefere Identifikation des Publikums mit den Protagonisten und schafft einen narrativen Bogen, der die Entwicklung und Transformation der Charaktere hervorhebt.

Die Heldenreise folgt einem bestimmten Ablauf, der mehrere Stadien umfasst. Zunächst wird der Held in seine alltägliche Welt eingeführt, bevor er einen Aufruf zum Abenteuer erhält. Dieser Aufruf markiert den Beginn der Reise und stellt eine Herausforderung oder einen Konflikt dar, dem der Held gegenübersteht. Psychologisch betrachtet spiegelt dies oft den Ruf nach Veränderung oder Wachstum wider, der in vielen menschlichen Erfahrungen vorhanden ist.

Der Held zögert möglicherweise zunächst, den Aufruf anzunehmen, aber letztendlich entscheidet er sich, sich auf die Reise zu begeben. Auf seinem Weg begegnet der Held verschiedenen Prüfungen, Verbündeten und Feinden. Diese Erfahrungen dienen dazu, den Charakter zu formen und zu entwickeln. Psychologisch betrachtet repräsentieren diese Herausforderungen oft die inneren Konflikte und äußeren Hindernisse, die Menschen auf dem Weg der persönlichen Entwicklung begegnen.

Ein zentrales Element der Heldenreise ist der "Höhepunkt" oder die "Prüfung". Hier erreicht der Held den Höhepunkt seiner Reise, wo er vor die größte Herausforderung oder Entscheidung gestellt wird. Psychologisch betrachtet kann dies als entscheidender Moment interpretiert werden, der eine tiefgreifende Veränderung oder Erkenntnis im Leben des Helden symbolisiert.

Nach dem Höhepunkt beginnt die Rückkehr des Helden, bei der er die Früchte seiner Reise mit nach Hause bringt. Psychologisch betrachtet symbolisiert dies oft die Integration der gewonnenen Erkenntnisse und Fähigkeiten in das tägliche Leben des Helden.

Die Rückkehr kann jedoch auch mit neuen Herausforderungen und Anpassungen verbunden sein.

Die Heldenreise findet sich in vielen bekannten Geschichten und Mythen, von antiken Epen wie der "Odyssee" bis zu modernen Filmen wie "Star Wars". Psychologisch betrachtet spricht die Heldenreise tiefe archetypische Elemente im menschlichen Bewusstsein an, die universelle Erfahrungen und Entwicklungsschritte widerspiegeln.

Die Psychologie der Heldenreise kann mit verschiedenen psychologischen Konzepten erklärt werden. Die Identifikation mit dem Helden ermöglicht es dem Publikum, sich in die emotionalen und mentalen Zustände des Charakters einzufühlen. Psychologisch betrachtet spielt Empathie eine entscheidende Rolle, um eine emotionale Bindung zwischen dem Publikum und der Geschichte herzustellen.

Die Heldenreise bietet auch eine archetypische Struktur, die das menschliche Bedürfnis nach Sinn und Entwicklung anspricht. Psychologisch betrachtet suchen Menschen oft nach Bedeutung und Wachstum in ihrem Leben, und die Heldenreise bietet eine kraftvolle narrative Struktur, um diese Suche zu reflektieren.

Die Bedeutung von Storytelling erstreckt sich über verschiedene Bereiche des Lebens. In der Bildung fördert Storytelling das Verständnis von Konzepten, erleichtert das Lernen und fördert die kreative Vorstellungskraft. Am Arbeitsplatz stärkt Storytelling die Unternehmenskultur, verbessert die interne Kommunikation und fördert das Engagement der Mitarbeiter. In der Werbung und im Marketing nutzt Storytelling die emotionalen Aspekte, um Produkte und Marken mit den Werten der Verbraucher zu verbinden.

Die Anwendung von Storytelling kann durch die Beachtung bestimmter Prinzipien optimiert werden. Ein klarer Anfang, Mitte und Schluss strukturiert die Erzählung und erleichtert das Verständnis. Psychologisch betrachtet ermöglicht eine klare

Erzählstruktur eine bessere Speicherung und Abrufbarkeit von Informationen. Die Verwendung von bildhafter Sprache und konkreten Details erweckt die Geschichte zum Leben und fördert die Vorstellungskraft des Publikums. Psychologisch betrachtet ermöglichen visuelle und emotionale Elemente in Geschichten eine stärkere emotionale Resonanz.

Die Rolle von Storytelling in der Gesellschaft verdeutlicht, wie Geschichten kulturelle Identitäten formen, Werte übermitteln und historische Erfahrungen bewahren. Psychologisch betrachtet spielen kollektive Geschichten eine zentrale Rolle bei der Schaffung von Gemeinschaftsgefühl und sozialem Zusammenhalt.

In der therapeutischen Praxis wird Storytelling als narratives Verfahren verwendet, um individuelle Lebensgeschichten zu erkunden und therapeutische Prozesse zu unterstützen. Psychologisch betrachtet ermöglicht das Erzählen von Geschichten eine reflektierte Auseinandersetzung mit eigenen Erfahrungen und fördert Veränderungsprozesse.

Zusammenfassend ist Storytelling eine kreative Ausdrucksform, die auf tiefen psychologischen Prinzipien beruht. Die Verbindung von Einprägsamkeit, Authentizität, Relevanz, Spannung, Klarheit und emotionaler Resonanz schafft Geschichten von bleibender Wirkung. Die Anwendung von Storytelling reicht von Bildung über Arbeit bis hin zu Werbung und Therapie und prägt maßgeblich die Art und Weise, wie wir Informationen verstehen, uns miteinander verbinden und unsere Welt interpretieren.

Auf Fairness und Gerechtigkeit achten

Die Betonung von Fairness und Gerechtigkeit in zwischenmenschlichen Beziehungen und Gesellschaften ist von grundlegender Bedeutung und durchzieht verschiedene Bereiche des menschlichen Lebens. Diese umfassende Zusammenfassung wird die psychologischen Grundlagen, die Bedeutung und die Anwendung von Fairness und Gerechtigkeit erkunden, um ein gründliches Verständnis dieser Werte zu vermitteln.

Psychologisch betrachtet gründet die Wahrnehmung von Fairness und Gerechtigkeit auf kognitiven, emotionalen und sozialen Prozessen. In der kognitiven Psychologie spielen kognitive Schemata und Bewertungsprozesse eine Rolle, wenn Menschen Situationen analysieren und beurteilen. Emotionale Reaktionen, insbesondere Empathie und moralische Emotionen, beeinflussen die Wahrnehmung von Fairness. Soziale Vergleichsprozesse, bei denen Menschen ihre eigenen Situationen mit anderen vergleichen, spielen ebenfalls eine Rolle.

Die psychologische Bedeutung von Fairness und Gerechtigkeit erstreckt sich über verschiedene Kontexte des menschlichen Lebens. In der sozialen Psychologie werden Fairness und Gerechtigkeit als Schlüsselkomponenten sozialer Normen betrachtet. Psychologisch betrachtet bilden diese Normen die Grundlage für die Interaktionen zwischen Menschen und beeinflussen ihr Verhalten.

In der kindlichen Entwicklung spielt die Entwicklung eines Gerechtigkeitssinns eine wichtige Rolle. Psychologisch betrachtet beginnen Kinder bereits in jungen Jahren, ein Verständnis von Fairness zu entwickeln und sich gegen Ungerechtigkeiten zu empören. Die soziale Kognitionstheorie betont die Rolle von Kindern als "moralische Akteure", die frühzeitig Fairness und Gerechtigkeit in ihre sozialen Interaktionen integrieren.

Die evolutionäre Psychologie bietet Erklärungen dafür, warum Menschen einen angeborenen Sinn für Fairness entwickeln könnten. Psychologisch betrachtet könnte die Kooperation und der

Austausch von Ressourcen in sozialen Gruppen zu einem evolutionären Vorteil geführt haben. Ein Sinn für Fairness könnte daher eine adaptive Reaktion sein, um die Kooperation in sozialen Gemeinschaften zu fördern.

Die Anwendung von Fairness und Gerechtigkeit in verschiedenen sozialen Institutionen, einschließlich Rechtssystemen, Bildungseinrichtungen und Arbeitsplätzen, wird durch psychologische Prinzipien beeinflusst. Psychologisch betrachtet spielt die wahrgenommene Fairness einer Institution eine entscheidende Rolle für die Akzeptanz ihrer Regeln und Entscheidungen durch die Mitglieder der Gesellschaft.

Psychologische Theorien zur Gerechtigkeit, wie die Theorie der distributiven Gerechtigkeit von John Adams und die Theorie der Gerechtigkeit als Gleichheit von John Rawls, bieten verschiedene Perspektiven darauf, wie Menschen Fairness konzeptualisieren. Psychologisch betrachtet sind diese Theorien darauf ausgerichtet, die Faktoren zu verstehen, die die Bewertungen von Fairness beeinflussen.

Die Wirkung von Ungerechtigkeit auf das psychische Wohlbefinden und das Verhalten von Individuen wird durch psychologische Konzepte wie Gerechtigkeitsstress und Rache untersucht. Psychologisch betrachtet können wahrgenommene Ungerechtigkeiten zu Stressreaktionen führen und das Verlangen nach Vergeltung verstärken.

Die psychologische Dynamik von Fairness und Gerechtigkeit in sozialen Gruppen, insbesondere in Bezug auf Macht und Privilegien, verdeutlicht die Komplexität dieser Konzepte. Psychologisch betrachtet kann die Verteilung von Macht und Ressourcen in einer Gesellschaft die wahrgenommene Fairness beeinflussen und soziale Ungleichheiten verstärken oder verringern.

Die Rolle von Fairness und Gerechtigkeit in interkulturellen Kontexten zeigt, wie kulturelle Unterschiede die Wahrnehmung dieser Werte beeinflussen können. Psychologisch betrachtet können kulturelle Normen und Werte die Interpretation von Fairness und Gerechtigkeit modulieren.

Die Anwendung von Fairness und Gerechtigkeit in der Führung und im Management wird ebenfalls durch psychologische Prinzipien geleitet. Psychologisch betrachtet fördert eine als fair wahrgenommene Führung das Vertrauen der Mitarbeiter und stärkt die Motivation und Leistung.

Zusammenfassend beleuchtet diese umfassende Zusammenfassung die psychologischen Grundlagen, die Bedeutung und die Anwendung von Fairness und Gerechtigkeit in verschiedenen Lebensbereichen. Die Wahrnehmung dieser Werte basiert auf kognitiven, emotionalen und sozialen Prozessen, und ihre Bedeutung erstreckt sich von der kindlichen Entwicklung über soziale Institutionen bis hin zur globalen Interaktion. Die psychologische Perspektive bietet Einblicke in die tieferen Mechanismen, die Fairness und Gerechtigkeit in der menschlichen Erfahrung prägen.

ENDE